数字经济发展与企业变革

龚 勇 著

中国商业出版社

图书在版编目（CIP）数据

数字经济发展与企业变革 / 龚勇著 . -- 北京 : 中国商业出版社 , 2020.11

ISBN 978-7-5208-1373-0

Ⅰ . ①数… Ⅱ . ①龚… Ⅲ . ①数字技术—应用—企业改革—研究—中国 Ⅳ . ① F279.21

中国版本图书馆 CIP 数据核字 (2020) 第 231969 号

责任编辑：于子豹　袁　娜

中国商业出版社出版发行
010-63180647　www.c-cbook.com
（100053　北京广安门内报国寺 1 号）
新华书店经销
福建省天一屏山印务有限公司印刷

★　★　★　★　★

880 毫米 ×1230 毫米　32 开　6 印张　200 千字
2020 年 11 月第 1 版　2020 年 11 月第 1 次印刷
定价：42.00 元

★　★　★　★

前言 preface

数字经济是由新一代信息技术与实体经济深度融合而产生的新经济形态。在经济全球化和信息化的大格局下，我国的数字经济蓬勃发展。数字经济是全球发展趋势，是制造强国、网络强国的国家战略，必须抓住机遇、长远谋划、统筹推进。

要抓好数字经济，就要抓好大数据、互联网、云计算、人工智能，使新一代信息技术与企业发展的深度融合，催生新技术、新产品、新产业、新业态和新模式。同时要自主创新，矢志不移地进行科技攻关，实现自主可控，促进企业数字化转型升级。这也是发展数字经济最主要的目标之一。如何实现企业数字化转型升级，深化企业变革，是当前企业发展的关键点。

基于此，本书主要分析了发展数字经济的意义、优势以及发展数字经济对于战略创新的重要性；阐述了我国数字经济发展的现状；分析了我国发展数字经济所面临的挑战；系统地研究了数字经济发展的基础建设、融合发展、共享参与战略决策等；研究了银行构建对数字内容产业发展的必要性，深入研究了数字内容产业的生态进化、风险源头管理等；多维度的研究了企业数字化以及企业数字经济变革。本书为数字经济发展提供了一定的理论依据，具有理论参考价值，可供广大经济学者及企业管理者参考借鉴。

本书有两大特点值得一提：

第一，本书结构严谨，逻辑性强，从我国数字经济发展的现状剖析了数字经济发展所面临的挑战，并分析了数字经济发展的战略决策。

第二，本书理论与实践紧密结合，探究了企业的数字化准备、发展要素，对比分析了传统企业与数字化企业的区别，对我国各个行业如金融业、酒店业、旅游业以及农业经济的企业数字化创新与转型变革的途径与策略进行了全面系统的研究，以便企业经营者以及创业者更好地实现数字化企业变革。

笔者在撰写本书的过程中，借鉴了许多前人的研究成果，在此表示衷心的感谢。由于数字经济发展范畴比较广，需要探索的层面比较深，笔者在撰写的过程中难免会存在一定的不足，对一些相关问题的研究不透彻，提出的企业的数字化变革与转型升级的途径与策略也有一定的局限性，恳请前辈、同行以及广大读者斧正。

Contents 目录

第一章　发展数字经济的意义、优势及重要性

第一节　发展数字经济的意义

数字经济的迅猛发展深刻地改变了人们生活、工作和学习的方式，并在传统媒体、商务、公共关系、娱乐等众多领域引发深刻变革。发展数字经济已成为信息时代的最强音，对我国而言更具有特殊意义。

一、全球经历数字经济变革

以计算机、网络和通信等为代表的现代信息革命催生了数字经济。数字经济虽然并没有产生任何有形产品，但它可以完成辅助设计、跟踪库存、完成销售、执行信贷、控制设备、设计计算、飞机导航、远程诊治等工作[①]。

（一）数字经济加速经济全球化步伐

数字经济的出现，对人类社会来说是一场划时代的全球性变革，推动人类更深层次地跨入经济全球化时代。比如，数字网络的发展，使全球化不再局限于商品和生产要素的跨国流动，而是从时空角度改变了世界市场和国际分工的格局；数字经济的出现

---

① 徐晨，吴大华，唐兴伦．数字经济新经济新治理新发展[M]．北京：经济日报出版社，2017.

拓展了贸易空间，缩短了贸易的距离和时间，使全球贸易规模远远超越了以往任何一个时期。

凭借数字网络技术的支持，跨国公司远程管理成本大幅度地下降，企业活动范围更加全球化。美国《财富》杂志在分析了全球最大500家跨国公司排名变化后认为："全球化色彩越浓，大公司利润越高。""一个更大、更富裕的世界"将随着全球化大发展而出现。因此，数字经济加速了信息、商品与要素的全球流动，推动经济全球化进入一个新的发展阶段。

（二）数字经济软化全球产业结构

数字经济时代，数字网络技术的创新及广泛应用使全球产业结构更加知识化、高科技化。知识和技术等"软要素"正在取代资本和劳动力成为决定产业结构竞争力的重要因素。全球产业结构软化趋势愈加明显。一是出现了知识驱动的经济发展模式。新一代信息技术蓬勃发展，跨国ICT企业加速市场扩张与产品创新步伐，世界各国都在大力发展信息技术产业，实现知识驱动的经济发展模式；二是传统产业加强了与信息产业的联系。计算机与数字技术能带来高效的生产效率，因此，传统产业不断加强与信息产业的前向联系和后向联系，以便拥有更强的产业竞争力和创造更高的产业附加值；三是新型服务业方兴未艾。由于信息技术的普及和创新，计算机和软件服务、互联网信息等新兴服务业的迅速崛起，知识化、信息化、智能化正在成为全球服务业未来发展的新方向。

（三）新的数字技术助推数字经济以及社会发展

移动技术、云计算、物联网和大数据分析，是当今数字经济中重要的技术趋势。总的来说，就是“智能一切”，即网络和数字化连接家庭、医疗、交通和能源，甚至政府管理和社会治理等。这些新应用依赖于固定和无线宽带网络，以及在互联网上连接的设备，以满足不断增长的经济和社会需求。

（四）移动宽带应用加速数字产品普及

互联网普及率的提高，极大地受益于移动基础设施的发展和资费的下降。在许多新兴和欠发达国家，移动宽带连接的广泛提供，使得这些经济体的互联网接入量大幅增加、宽带速度不断提升。移动宽带质量的提升和 Wi -Fi 的大规模普及，使移动设备扩大了应用规模，影响了数以亿计用户的工作和生活。

二、数字经济成为新常态下我国经济发展的新动能

数字经济代表着新生产力的发展方向，对我国而言更是具有特殊意义。互联网、云计算、大数据等数字经济技术本身，就是新常态下供给侧结构性改革要培育和发展的主攻方向。数字化将发掘新的生产要素和经济增长点，加速传统行业转型。

（一）新常态需要新动能

我国经济在经历了近 40 年的高速增长之后，开始进入一个增速放缓、结构升级、动力转换的新阶段，这一阶段也被称为经济发展新常态。认识、适应和引领新常态已被确定为指导我国经济发展的大逻辑。新常态下经济发展所面临的最大风险是掉入“中等收入陷阱”，而找准并利用好新动能就成为了推动经济转型发展，跨越“中等收入陷阱”的关键。

(二) 信息革命带来了大机遇

经济发展的新动能在哪里？这本来是一个大难题，曾让很多国家困扰了很多年。但现在不同了，因为人类经历了农业革命、工业革命，现在正在经历信息革命——正是信息革命为我国顺利跨越“中等收入陷阱”提供了前所未有的历史性机遇。从社会发展史看，每一次产业技术革命都会带来社会生产力的大飞跃。农业革命增强了人类生存能力，使人类从采食捕猎走向栽种畜养，从野蛮时代走向文明社会；工业革命拓展了人类体力，大规模工厂化生产取代了工场手工生产，彻底改变了工业生产能力不足、产品供给不足的局面；而信息革命则增强了人类脑力，数字化工具、数字化生产、数字化产品成就了数字经济，也促成了数字化生存与发展。以数字化、网络化、智能化为特征的信息革命催生了数字经济，也为经济发展提供了新动能。

(三) 数字经济的动能正在释放

数字经济不仅有助于解放旧的生产力，还能够创造新的生产力。数字技术正广泛应用于现代经济活动中，提高了经济效率，促进了经济结构加速转变，逐步成为全球经济复苏的重要驱动力。近年来，云计算、物联网、移动互联网、大数据、智能机器人、3D 打印、无人驾驶、虚拟现实等信息技术及其创新应用层出不穷、日新月异，并不断地催生出一大批新产业、新业态、新模式。更为重要的是，这一变化才刚刚开始。凯文·凯利一直在提醒我们，真正的变化还没有到来，真正伟大的产品还没有出现，“今天才是第一天”。甚至也有专家断言，人类现在的信息处理能力还只是相当于工业革命的蒸汽机时代。

（四）发展数字经济成为我国的战略选择

面对数字经济发展大潮，许多国家都提出了自己的发展战略，如美国的工业互联网、德国的工业4.0、日本的新机器人战略、欧盟和英国的数字经济战略等。我国政府立足于本国国情和发展阶段，正在实施“网络强国”战略，大力推进“数字中国”建设，大力推行“十三五”规划中有关数字经济的发展战略[①]。

三、数字经济是引领国家创新战略实施的重要力量

发展数字经济对我国的转型发展，以及实现中华民族伟大复兴的中国梦具有重要的现实意义和特别推动作用，对贯彻落实新的发展理念、培育新经济增长点、以创新驱动推进供给侧改革、建设网络强国、构建信息时代国家新优势等都将会产生深远的影响。

（一）发展数字经济是贯彻新发展理念的集中体现

数字经济本身就是新技术革命的产物，是一种新的经济形态、新的资源配置方式和新的发展理念，集中体现了创新的内在要求。我国发展数字经济，是贯彻“创新、协调、绿色、开放、共享”新发展理念的集中体现。首先，数字经济减少了信息流动障碍，加速了资源要素流动，提高了供需匹配效率，有助于实现经济与社会、物质与精神、城乡之间、区域之间的协调发展。其次，数字经济能够极大地提升资源的利用率，是绿色发展的最佳体现。最后，数字经济的最大特点是基于互联网，而互联网的特

① 王振 .2018 全球数字经济竞争力发展报告 [M]. 北京：社会科学文献出版社，2018.

性是开放共享。数字经济为落后地区、低收入人群创造了更多的参与经济活动、共享发展成果的机会。

（二）发展数字经济是推进供给侧结构性改革的重要抓手

以新一代信息技术与制造技术深度融合为特征的智能制造模式，正在引发新一轮制造业变革，数字化、虚拟化、智能化技术将贯穿产品的全生命周期，柔性化、网络化、个性化生产将成为制造模式的新趋势，全球化、服务化、平台化将成为产业组织的新方式。数字经济也在引领农业现代化，数字农业、智慧农业等农业发展新模式，即数字经济在农业领域的实现与应用。在服务业领域，数字经济的影响与作用也已经得到了较好地体现，电子商务、互联网金融、网络教育、远程医疗、网约车、在线娱乐等的出现已经使人们的生产生活发生了极大改变。

（三）贯彻落实创新驱动发展战略，推动“大众创业、万众创新”的最佳试验场

现阶段，数字经济最能体现信息技术创新、商业模式创新以及制度创新的要求。数字经济的发展孕育了一大批极具发展潜力的互联网企业，并成为激发创新创业的驱动力量。众创、众包、众扶、众筹等分享经济模式本身就是数字经济的重要组成部分。

（四）数字经济是构建信息时代国家竞争新优势的重要先导力量

数字经济的发展在信息革命引发的世界经济版图重构过程中，将起到至关重要的作用。信息时代的核心竞争力将越来越表现为一个国家或地区的数字能力、信息能力、网络能力。实践表明，我国发展数字经济有着自身独特的优势和有利条件，起步很

快，势头良好，已在多数领域形成与先行国家同台竞争、同步领跑的局面，未来将在更多的领域发挥出领先发展的巨大潜力。

第二节　发展数字经济的优势

我国数字经济的不俗表现得益于全球信息革命提供的历史性机遇，得益于新常态下寻求经济增长新动能的强大内生动力，更得益于自身拥有的独特优势。我国发展数字经济的独特优势突出表现在三个方面：网民优势、后发优势和制度优势。

一、网民优势孕育了我国数字经济的巨大潜能

就像我国经济社会快速发展一样，我国网民规模和信息技术发展速度也令人目眩。这促进了世界上最生机勃勃的数字经济的发展[①]。

（一）网民红利日渐显现，使得数字经济体量巨大

近几年来，我国人口发展出现了拐点，即劳动力人口连续下降，人口老龄化程度加深，使得支持我国经济发展的人口红利在逐渐丧失。但我国的网民规模却逐年攀升，互联网普及率稳健增长，网民红利开始显现。自2008年起我国成为名副其实的第一网民大国。正是有了如此庞大的网民数量，才造就了我国数字经济的巨大体量和发展潜力。这就不难理解，为什么一个基于互联网的应用很快就能达到上千万、上亿甚至数亿人的用户规模，为什

① 高晓璐，成卓，刘国艳．面向大数据时代的数字经济发展举措研究[M]. 北京：人民出版社，2019.

么只有几个人的互联网企业短短几年就可以成为耀眼的“独角兽”企业，甚至在全球达到领先水平。我国互联网企业在全球的出色表现，表明我国已经成功实现从人口红利向网民红利的转变。

（二）信息技术赋能效应显现，使得数字经济空间无限

近年来，信息基础设施和信息产品迅速普及，信息技术的赋能效应逐步显现，为数字经济带来了无限创新空间。以互联网为基础的数字经济，解决了信息不对称的问题，使得边远地区的人们和弱势群体可以通过互联网、电子商务了解市场信息，学习新技术新知识，实现创新创业，获得全新的上升通道。基于互联网的分享经济还可以将海量的碎片化闲置资源（如土地、房屋、产品、劳力、知识、时间、设备、生产能力等）整合起来，满足多样化、个性化的社会需求，使得全社会的资源配置能力和效率得到大幅提升。当每一个网民的消费能力、供给能力、创新能力都进一步提升并发挥作用时，数字经济将迎来真正的春天。

（三）应用创新驱动，使得网民优势有效发挥

当前，数字经济发展已从技术创新驱动向应用创新驱动转变，我国的网民优势就显得格外重要。庞大的网民和手机用户群体，使得我国数字经济在众多领域都可以轻易在全球排名中拔得头筹，如百度、阿里巴巴、腾讯、京东跻身全球互联网企业市值排行榜前10位，有足够的经验供互联网创业公司借鉴。小猪短租、名医主刀等一批分享型企业也在迅速崛起，领先企业的成功为数字经济全面发展提供了强大的示范效应。

二、后发优势为数字经济提供了跨越式发展的特殊机遇

信息技术创新具有跳跃式发展的特点，为我国数字经济的跨越式发展提供了机会。

（一）信息基础设施建设实现了跨越式发展

电话网铜线还没有铺设好就迎来了光纤通信时代，固定电话还没有普及就迎来了移动通信时代，固定宽带尚未普及就直接进入了全民移动互联网时代，2G、3G还没普及就直接使用上了4G。目前，我国信息基础设施基本建成，建成了全球最大规模的宽带通信网络，网络能力得到持续提升，全光网城市由点及面全面推开，城市家庭基本实现了100M光纤全覆盖[①]。

（二）信息技术应用正在经历跨越式发展

我国数字经济的发展是在工业化任务没有完成的基础上开始的，尚不成熟的工业化降低了数字经济发展的路径依赖与制度锁定。工业化积累的矛盾和问题若用工业化的办法去解决，便十分困难也费时较长，但有了信息革命和数字经济就不一样了。工业化的诸多痛点遇到数字经济就有了药到病除的妙方，甚至可以点石成金、化腐朽为神奇。而我国的网络购物、P2P金融、网约租车、分享式医疗等很多领域能够实现快速发展，甚至领先于许多发达国家，在很大程度上也是由于这些领域的工业化任务还没有完成，矛盾突出痛点多，迫切需要数字经济发展提供新的解决方案。在制造业领域，工业机器人、3D打印机等新装备、新技术在以长三角、珠三角等为主的中国制造业核心区域的应用明显

① 朱晓明．走向数字经济[M]．上海：上海交通大学出版社，2018．

加快，大数据、云计算、物联网等新的配套技术和生产方式开始得到大规模应用。多数企业还没有达到工业 2.0、工业 3.0 水平就迎来了以智能制造为核心的工业 4.0 时代。可以说，数字经济为我国加速完成工业化任务、实现“弯道超车”创造了条件。经过多年努力，我国在芯片设计、移动通信、高性能计算等领域取得重大突破，部分领域实现全球领先，如华为、联想、中兴、腾讯、阿里巴巴、百度等企业在全球的地位稳步提高。

(三) 农村现代化跨越式发展趋势明显

因为互联网，许多原本落后的农村彻底改变了面貌。农村电商的快速发展和“淘宝村”的崛起，吸引了大量的农民和大学生返乡创业，人口的回流与聚集也拉动了农村生活服务水平的提升和改善，释放的数字红利也为当地发展提供了内生动力。现在，网购网销在越来越多的农村地区成为家常便饭，网上学习、手机订票、远程医疗服务纷至沓来，农民开始享受到前所未有的实惠和便利。正是因为有了数字经济的发展，许多农村地区从农业文明一步跨入信息文明，农民的期盼也从“楼上楼下，电灯电话”变成了“屋里屋外，用上宽带”。

(四) 信息社会发展水平相对落后，为数字经济发展预留了巨大空间

信息社会发展转型期也是信息技术产品及其创新应用的加速扩张期，为数字经济大发展预留了广阔的空间。目前，我国电脑普及率、网民普及率、宽带普及率、智能手机普及率、人均上网时长等都还处于全球中位水平，发展空间巨大，未来几年仍将保持较快增长。以互联网普及为例，仅每年增加 4000 万的网民，

就足以带来数字经济的大幅度提升。

三、制度优势为数字经济发展提供了强有力的保障

我国发展数字经济的制度优势在于强有力的政治保障、战略规划、政策体系、统筹协调和组织动员。这为数字经济的发展创造了适宜的政策环境，带动了整个经济社会向数字经济转变。

（一）组织领导体系基本健全为数字经济发展提供了政治保障

2014年中央网络安全和信息化领导小组的成立标志着我国信息化建设真正上升到了“一把手工程”，信息化领导体制也随之基本健全。建设网络强国、发展数字经济已形成全国共识。各级领导和政府部门对信息化的高度重视，组织领导体系的基本健全，为数字经济的发展提供了重要的政治保障。

（二）信息化引领现代化的战略决策为数字经济发展提供了明晰的路线图

《国家信息化发展战略纲要》提出了从2016年起到21世纪中叶中国信息化发展的战略目标，明确了在增强信息化发展能力、提升信息化水平、优化信息化发展环境方面的三大类56项重点任务。确切地说，国家信息化发展战略决策为数字经济发展提供了明晰的路线图。

（三）制定并形成了较为完整的政策体系

在过去两年多的时间里，我国围绕信息化和数字经济发展密集出台了一系列政策文件，包括“互联网+”行动、宽带中国、中国制造2025、大数据战略、信息消费、电子商务、智慧城市、

创新发展战略等。各部门、各地区也纷纷制定出台了相应的行动计划和保障政策。我国信息化政策体系在全球也可以称得上是最健全的，这也体现出国家对发展数字经济的决心之大、信心之足和期望之高。更为重要的是，我国制度优势有利于凝聚全国共识，使政策迅速落地生根，形成自上而下与自下而上推动数字经济发展的大国合力。

第三节　数字经济对创新发展的重要性

我国数字经济已经扬帆起航，正在引领经济增长从低起点高速追赶走向高水平稳健超越，供给结构从中低端增量扩能走向中高端供给优化，动力引擎从密集的要素投入走向持续的创新驱动，技术产业从模仿式跟跑并跑走向自主型并跑领跑全面转型，为最终实现经济发展方式的根本性转变提供了强大的引擎。

一、高速泛在的信息基础设施基本形成

无时不在、无处不在的电脑网络是支撑数字经济的关键。目前我国无论是宽带用户规模、固定宽带网速，还是网络能力等信息基础设施都已基本形成，实现了连接网络的普及、服务享受的普及等[①]。

（一）网络能力得到持续提升

全光网城市由点及面全面推开，城市家庭已基本实现100Mbit/s光纤全覆盖。光纤宽带全球领先，光纤到户（FTTH）

① 黄如花．数字信息资源开放存取[M]. 武汉：武汉大学出版社，2017.

用户占比达到63%，仅次于日、韩，位列第三。部分重点城市已规模部署4G+技术。

（二）固定宽带实际下载速率迈入10Mbit/s时代

网络提速效果显著。2016年全国已有16个省级行政区域的平均下载速率已率先超过10Mbit/s，其中上海和北京已超过12Mbit/s。我国的宽带网速已经迎来“10M时代”。

二、数字经济成为国家经济发展的重要引擎

迄今为止，关于数字经济规模及其对GDP的贡献并没有可信的统计资料，但国内外都有机构做了一些研究性测算，对于数字经济成为经济增长重要引擎给出了一致性判断。

中国信息通信研究院（以下简称信通院）发布了《中国数字经济发展与就业白皮书（2019年）》，白皮书指出数字经济是指以数字化的知识和信息为关键生产要素，以数字技术创新为核心驱动力，以现代信息网络为重要载体，通过数字技术与实体经济深度融合，不断提高传统产业数字化、智能化水平，加速重构经济发展与政府治理模式的一系列经济活动。当前，我国发展面临多年少有的国内外复杂严峻形势，经济出现新的下行压力，稳外贸、稳投资、稳预期等是近期经济发展的主要任务。数字经济的持续稳定快速发展，成为稳定经济增长的重要途径。未来，伴随着数字技术创新，并加速向传统产业的融合渗透，数字经济对经济增长的拉动作用将越发凸显。

从总量上来看，近年来我国数字经济规模保持快速增长，占GDP比重持续上升。根据信通院测算数据显示，2018年我国数字经济总量达到31.3万亿元，占GDP比重超过三分之一，达到

34.8%，占比同比提升1.9个百分点。数字经济的蓬勃发展，推动了传统产业改造提升，为经济发展增添了新动能，2018年数字经济发展对GDP增长的贡献率达到67.9%，贡献率同比提升12.9个百分点，超越部分发达国家水平，成为带动我国国民经济发展的核心关键力量。

三、数字经济在生产生活各个领域全面渗透

针对当前的经济结构调整和产业转型升级趋势，我国数字经济也发挥着积极的推动作用。目前，工业云服务、大企业双创、企业互联网化、智能制造等领域的新模式、新业态正不断涌现。

（一）数字经济正在引领传统产业转型升级

《传统产业数字化转型的模式和路径》研究报告称：中国经济在由高速增长阶段转向高质量发展阶段迎来诸多机遇，其中最大的机遇就是以信息技术为代表的新一轮技术革命来势迅猛、方兴未艾。回顾历史，无论是国家还是企业，谁能抓住新一轮重大新技术革命的浪潮，谁就可以后来居上、脱颖而出。而在当前新一轮科技革命引发的技术创新浪潮驱动下，我国新技术、新产业、新业态、新模式蓬勃发展，带动着新一轮产业结构调整和产业升级，不断释放出经济高质量发展的新动能。

围绕传统产业数字化转型有以下几点，第一，传统产业的数字化转型和利用新技术发展新经济同等重要。一方面，要高度重视发展新经济；另一方面，要更加重视在国民经济中占大头的传统产业，利用新技术革命带来的机遇推动产业转型升级。传统产业数字化转型，对我国经济发展方式转换和高质量发展具有重要战略意义。第二，传统产业的数字化转型既是技术的转型，又是

商业模式的转型。当前，很多传统产业在探索不同的数字化转型路径，有的推出新产品、有的推出新服务方式、有的推出新商业模式、有的生产过程发生了重大变化，很多时候技术升级和商业模式的转型是交织在一起的。数字化转型的方式多种多样，而且这种变化才刚刚开始，更深刻的变化还在后面，需要市场不断探索。第三，传统产业的数字化转型需要在多方面营造良好环境。比如，要有鼓励创新的环境，要有一整套体制、机制引导社会把更多地资源投向创新活动，要有包容创新的监管理念、监管办法引导和鼓励传统产业的数字化转型，让创新成为新时代推动经济发展最重要的动力。

数字化转型的广泛应用将给我国传统产业带来诸多益处。其中包括：加快 IT 系统更新迭代，提升业务敏捷度；优化生产过程，提高生产效率；延伸产业链长度，扩展服务环节，为传统产业带来更多价值。针对传统产业的行业数字化特点和不同的发展阶段，报告中提出了数字化转型分步实施的路径，分四个阶段：第一阶段（2018—2020 年）开展数字化转型试点，第二阶段（2021—2025 年）推进中小企业进行数字化转型，第三阶段（2026—2030 年）实施企业内到行业的集成，并于第四阶段（2031—2035 年）最终实现完整的生态系统的构建。

当前，企业数字化转型不是选择，而是唯一出路，是关系企业生死存亡的关键。企业应紧贴行业发展趋势和市场需求，提出完整的数字化转型解决方案，实现更多价值。

（二）数字经济开始融入城乡居民生活

根据中国互联网络信息中心报告，网络环境的逐步完善和手机上网的迅速普及，使得移动互联网应用的需求不断被激发。

2020年初，受新冠肺炎疫情影响，大部分网络应用的用户规模呈现较大幅度增长。其中，在线教育、在线政务、网络支付、网络视频、网络购物、即时通信、网络音乐、搜索引擎等应用的用户规模较2018年底增长迅速，增幅均在10%以上。截至2020年3月，我国在线教育用户规模达4.23亿，较2018年底增长110.2%，占网民整体的46.8%。2020年初，全国大中小学校推迟开学，2.65亿在校生普遍转向线上课程，用户需求得到充分释放，在线教育应用呈现爆发式增长态势。截至2020年3月，我国网络购物用户规模达7.10亿，较2018年底增长16.4%，占网民整体的78.6%。2020年1—2月，全国实物商品网上零售额同比增长3.0%，实现逆势增长，占社会消费品零售总额的比重为21.5%，比上年同期提高5个百分点。截至2020年3月，我国在线政务服务用户规模达6.94亿，较2018年底增长76.3%，占网民整体的76.8%。

互联网的普惠、便捷、共享等特性，已经渗透到公共服务领域，也为加快提升公共服务水平、有效促进民生改善与社会和谐提供了有力保障。

（三）数字经济正在变革治理体系

数字经济带来的新产业、新业态、新模式，使得传统监管制度与产业政策遗留的旧问题更加突出，但发展过程中出现的新问题更加不容忽视。一方面，数字经济发展，促进了政府部门加快改革不适应实践发展要求的市场监管、产业政策，如推动放管服改革、完善商事制度、降低准入门槛、建立市场清单制度、健全事中事后监管、建立“一号一窗一网”公共服务机制，为数字经济发展营造了良好的环境。另一方面，数字经济发展也在倒逼监管体系的创新与完善，如制定网约车新政、加快推进电子商务立法、规范互联网金融发展、推动社会信用管理等。当然，数字经济也为政府运用大数据、云计算等信息技术提升政府监管水平与服务能力创造了条件和工具。

四、数字经济推动新业态与新模式不断涌现

我国数字经济的后发优势强劲，其中快速发展的互联网和正在转型升级的传统产业相结合，将会迸发出巨大的发展潜力，不断涌现出新业态与新模式。

（一）我国在多个领域已加入全球数字经济领跑者行列

近年来，我国在电子商务、电子信息产品制造等诸多领域取得"单打冠军"的突出成绩，一批信息技术企业和互联网企业进入世界前列。腾讯、阿里巴巴、百度、小米、京东、滴滴出行等多家企业位居全球互联网企业20强。中国按需交通服务已成全球领导者，年化按需交通服务次数达40亿次以上，在全球市场所占份额为70%[①]。

（二）我国分享经济正在成为全球数字经济发展的排头兵

近年来，我国分享经济快速成长，创新创业蓬勃兴起，本土企业创新能力凸显，各领域发展动力强劲，具有很大的发展潜力。国家信息中心发布的《中国共享经济发展年度报告（2019）》，从市场规模、市场结构、就业和市场融资等方面全面反映了2018年我国共享经济的最新发展态势，并首次定量分析了共享

① 潘善琳，黄劲松．中国企业的数字化商务实践案例[M]. 北京：清华大学出版社，2015.

经济对主要生活服务业的影响。2018年共享经济市场交易额为29420亿元，比上年增长41.6%；平台员工数为598万，比上年增长7.5%；共享经济参与者人数约7.6亿人，其中提供服务者人数约7500万人，同比增长7.1%。共享经济推动服务业结构优化、快速增长和消费方式转型的新动能作用日益凸显。2015—2018年，出行、住宿、餐饮等领域的共享经济新业态对行业增长的拉动作用分别为每年1.6、2.1和1.6个百分点。

（三）我国电子商务继续保持快速发展的良好势头

《中国电子商务报告2019》显示，2019年，中国电子商务市场规模持续引领全球，服务能力和应用水平进一步提高。我国网民规模已超过9亿人，互联网普及率达64.5%；全国电子商务交易额达34.81万亿元，其中网上零售额为10.63万亿元，同比增长16.5%，实物商品网上零售额为8.52万亿元，占社会消费品零售总额的比重上升到20.7%；电子商务从业人员达5125.65万人。

从国内市场来看，2019年网络零售对社会消费品零售总额增长的贡献率达45.6%，电子商务在促消费、稳外贸、助扶贫、扩就业，以及带动产业数字化转型等方面做出了积极贡献，成为稳定经济增长和促进经济高质量发展的重要动能。

（四）互联网金融进入规范发展的新时期

互联网与金融业务的融合既产生了多种互联网金融业务模式，又通过这些业务模式积累数据，为金融领域的科技运用打下了基础。

从互联网平台和金融功能两个核心要素出发，目前互联网金融大体可归为以下四类：第三方支付、网络融资、网络投资、网络货币。

第三方支付平台的收益主要来源于交易佣金、企业策划收入和沉淀资金利息。2018年，我国第三方移动支付交易规模达190.5万亿元，同比增速58.4%。仅2019年前三季度，第三方移动支付交易规模达166万亿元。由此可见，人们在日常生活中使用移动支付的习惯已经养成，第三方移动支付渗透率达到较高水平，市场成倍增长的时代结束。

我国互联网保险起步较早，发展情况也比较好，互联网保险的渗透率处于全球领先的地位。2015年，监管部门制定了相关制度，但近年来，无论是互联网技术，还是保险业的发展，均发生了巨大变化。数据显示，2018年我国互联网保险保费收入为1888.6亿元，相比于2017年无明显进步。

五、我国数字经济未来的发展

未来，我国信息基础设施体系将更加完善，数字经济将全方位影响经济社会发展，数字经济市场将逐渐从新兴走向成熟，创新和精细化运营成为新方向，数字经济总量仍将保持较快的发展。

（一）国家信息基础设施体系将更加完善

《国家信息化发展战略纲要》提出，到2020年，固定宽带家庭普及率达到中等发达国家水平，3G、4G网络覆盖城乡，5G技术研发与标准取得突破性进展。互联网国际出口带宽达到每秒20太比特（Tbps），支撑"一带一路"倡议实施，与周边国家实现网络互联、信息互通，建成中国—东盟信息港，初步建成网上丝绸之路，信息通信技术、产品和互联网服务的国际竞争力明显增强。到2025年，新一代信息通信技术得到及时应用，固定宽带家庭普及率接近国际先进水平，建成国际领先的移动通信网络，实现宽带网络无缝覆盖，互联网国际出口带宽达到每秒48太比特（Tbps），建成四大国际信息通道，连接太平洋、中东欧、西非北非、东南亚、中亚、印巴缅俄等国家和地区。到21世纪中叶，泛在先进的信息基础设施为数字经济发展奠定坚实的基础，陆地、海洋、天空、太空立体覆盖的国家信息基础设施体系基本完善，人们通过网络了解世界、掌握信息、摆脱贫困、改善生活①。

（二）经济发展的数字化转型成为重点

以信息技术为代表的技术群体性突破是构建现代技术产业体系、引领经济数字化转型的动力源泉，先进的信息生产力将推动我国经济向形态更高级、分工更优化、结构更合理的数字经济阶段演进。按照《国家信息化发展战略纲要》要求，2020年，核心关键技术部分领域达到国际先进水平，重点行业数字化、网络化、智能化取得明显进展，网络化协同创新体系全面形成，以新产品、新产业、新业态为代表的数字经济供给体系基本形成；信息消费总额将达到6万亿元，电子商务交易规模达到38万亿元，信息产业国际竞争力大幅提升，制造业大国地位进一步巩固，制造业信息化水平大幅提升，农业信息化水平明显提升，部分地区率先基本实现现代化。到2025年，根本改变核心关键技术受制于人的局面，形成安全可控的信息技术产业体系，涌现出一批具有强大国际竞争力的数字经济企业与产业集群，数字经济进一步发展壮大，数字经济与传统产业深度融合；信息消费总额达到12万亿元，电子商务交易规模达到67万亿元；制造业整体

① 韩建国．企业数字化管理工程[M]．北京：机械工业出版社，2017.

素质大幅提升，创新能力显著增强，工业化与信息化融合迈上新台阶；信息化改造传统农业取得重大突破，大部分地区基本实现农业现代化。预计到2025年我国互联网将促进劳动生产率提升7%~22%，对GDP增长的贡献率将达到3.2%~11.4%，平均为7.3%。到本世纪中叶，国家信息优势越来越突出，数字红利得到充分释放，经济发展方式顺利完成数字化转型，先进的信息生产力基本形成，数字经济成为主要的经济形态。

（三）分享经济将成为数字经济的最大亮点

经历了萌芽、起步与快速成长，分享经济即将进入全面创新发展的新时期，成为数字经济最大的亮点。

我国分享经济已进入一个人人可参与、物物可分享的全分享时代。主要表现在：①更多人的参与。随着互联网应用的普及，会有更多的中老年人群、农村居民参与到分享经济中来；②更广泛的分享。从无形产品到有形产品、从消费产品到生产要素、从个人资源到企业资源，物物皆可纳入分享经济的范畴；③更深入的渗透。分享经济将深入渗透到各个行业领域，不仅活跃在交通、住房、教育、医疗、家政、金融等与人们生活息息相关的服务业领域，还将迅速渗透到基础设施、能源、农业、制造业等生产领域；④更活跃的创新。未来，我国分享经济将进入本土化创新的集中爆发期，分享经济企业将加速实现从模仿到原创、从跟随到引领、从本土到全球的质的飞跃。

第二章　国内外数字经济发展现状

第一节　国外数字经济发展概述

一、全球数字化发展路径

数字经济的发展促使全球化步入新的阶段——信息全球化。与传统路径相比，数字全球化具有两大特点：一是从实体物品的传输转向虚拟物品的传输；二是跨国数据流动产生巨大经济价值。

(一) 核心要素流动转变

随着信息技术的不断发展与加强，交通工具已经不再是全球化唯一的纽带，数字化平台成为新时代全球化的核心。全球数据流主要包括信息、检索、通信、交易、视频以及企业间的业务渠道。Facebook、YouTube、Whats 成为全球前三的在线交流平台，面向全球客户。阿里巴巴、亚马逊、e-Bay、Flipkart、日本乐天作为世界领先的电子商务平台，其电子商务在全球物品交易中占比 12%。全球贸易也不再局限于实体货物，电子书、App、电子游戏、数字音乐、云服务等虚拟产品也成为全球贸易的商品。除此之外，数字化人才平台为传统的人才就业以及自由职业者提供了新的求职渠道，极大地提高了人才的全球流动性。与此同时，信息与知识的流动也是全球化的新趋势，数字图书馆、在线教育平台、媒体杂志等不仅服务于本国，还面向全球用户[①]。

（二）跨国跨界数据流通

基于数字化对全球经济的影响日益深远，各国数字经济的发展都将在全球范围产生影响，同时，数字化竞争也常常跨领域、跨国界。因此，企业和国家都应保持警醒、建立联系、增强合作，致力于将数字经济的复合效应向有利于世界人民的方向发展，共同创造更大的利益空间。

在全球数字经济的发展过程中，处于全球双边贸易网络边缘的国家相较处于网络中心的国家会获益更多，对其 GDP 的增长影响将超出处于网络中心的国家 40%。外围国家能够利用数据流的传播开拓新的贸易市场，合作对象也不再局限于少数邻国。此外，数据流通打破了地域对知识、信息及创新资源的限制，改善了信息资源发展不均衡的现象。对于相对落后的经济体来说，新的数字平台对贸易及人才发展的影响会更加深远。

二、全球数字经济发展战略

（一）全球数字经济发展概述

1. 数字经济发展基础

2015 年 7 月，经济合作与发展组织（OECD）发布《数字经济概览：2015》；2016 年 1 月，世界银行（World Bank）发布其旗舰出版物《2016 世界发展报告：数字红利》，同年 7 月，世界经济论坛（WEF）发布《2016 年全球信息技术报告——数字经济

---

① 阮闯 . 企业大脑人工智能时代的全数字化转型 [M]. 北京：经济管理出版社，2017.

时代推进创新》；2017 年 2 月，全球移动通信系统协会（GSMA）联合波士顿咨询公司 BCG 发布《拥抱数字革命：制定相应政策，打造数字经济》。这些报告均强调了发展数字经济的重大意义，并指出现有的信息技术基础设施仍有提升空间，应用方面的潜力仍未被完全开发。这些报告都明确指出：政府应加速推动信息技术的应用以促进经济和社会福利的提升，并密切关注网络安全等问题，减轻科技变革可能带来的负面影响；鼓励各国政府制定战略发展政策，维持高速可靠的网络技术基础；鼓励相关投资以促进数字经济发展，加强区域化连接，发展数字化政府，提升公民的数字化参与度。

2. 亚太经合组织（APEC）

亚太经合组织在 2002 年的 APEC 第十次领导人非正式会议上通过了《关于执行 APEC 贸易和数字经济政策的声明》，以促进全球网络化、贸易化环境建设为目的，首次为组织内进行贸易与数字等新经济领域的合作制定了政策框架。2005 年 5 月，亚太经合组织（APEC）第二十一届贸易部长会议在菲律宾长滩举行。会议就支持多边贸易体制、加强区域经济一体化及中小企业参与全球市场等议题进行了讨论。在该次会议中，来自 21 个成员国的电子信息官员协商颁布了《电子信息工作组战略行动计划 2016—2020》(《*APEC Telecommunications and Information Working Group Strategic Action Plan* 2016 ~ 2020》)。该行动计划鼓励各成员国加强电子信息基础设施建设，提升技术连通性、连贯性以及协调监管，发展数字科技在各领域的应用，最大化发挥协同作用。

3. 二十国集团（G20）

2016 年 9 月的杭州 G20 峰会将“数字经济”列为创新增长蓝

图中的一项重要议题，共同探讨了利用数字机遇应对挑战、发展数字经济推动经济实现包容性增长的路径。在该次会议上，由中国倡导并通过的《G20数字经济发展与合作倡议》，是全球首个由多国领导人共同签署的数字经济政策文件。继杭州G20峰会后，2017年德国汉堡G20峰会继续聚焦和深入探讨数字经济这一重要议题，在更广泛的领域全面推进数字经济发展。

数字技术打破了地理位置对商业活动的限制，扩大了贸易参与范围，创造新市场并连接新用户。与此同时，个人也成了数字全球化的直接受益者。艺术家、企业家、软件开发者以及自由职业者都可以通过在线平台寻找合作及就业机会。据有关数据显示，每年有9亿人在互联网上进行跨国交流；有3.6亿人参与跨境电子商务；有4400万人通过数字平台为他国客户提供服务；接近1300万人上网学习他国提供的网络课程。

数字经济深入影响了全球化进程，使得世界各地间的连接范围更广，程度更深，内涵更多元。因此，世界组织及各国政府都将数字经济视为促进经济发展、提高国际竞争力、改善社会福利的必经之路。

(二) 国外数字经济发展战略

1. 美国数字经济发展

(1) 基础设施建设

美国政府自20世纪90年代开始关注数字经济，先后出台了多项政策与发展计划。这些政策大体分为三个方面：基础设施建设、数字发展战略以及数字政府。1993年，克林顿政府提出“国家信息基础设施行动计划（NII）”，并于次年实施“全球信息基础设施行动计划（GII）”，两项计划的实施，不仅加大了对数字技术基础设施的投资，也加强了社区、农村和边远地区的网络建设，使低收入家庭有了使用因特网的机会。

2010 年 4 月，美国联邦通信委员会（FCC）宣布了《国家宽带计划落实纲要》(*National Broadband Plan*)，目标是在十年内连接 1 亿美国家庭，并且在移动创新领域处于全球领先地位，拥有世界上最快、最广泛的无线网络。2017 年 1 月，美国国家电信与信息管理局（NTIA）与国家科学基金会（NSF）联合发布《国家宽带研究议程》(*The National Broadband Research Agenda*)，重点关注四个方面的技术发展：新兴宽带基础设施与系统、宽带设施韧性与公共安全、下一代体系结构、安全与隐私。

这些战略带来了可观的成果。2009 年年初，美国有线和无线宽带网络的投资已接近 2500 亿美元。美国无线网络的年投资额在接下来的四年间以 40% 的速度增长，到 2012 年时已超过 300 亿美元，超过当时主要的石油、天然气和汽车公司。美国也是第一个大规模部署 4G（LTE）网络的国家，2015 年时，83% 的美国人已经能够连接到至少 25Mbps 速度的网络。2019 年，美国联邦通信委员会（FCC）决定将 2.5GHz 频段频谱重新定位，改变其目前的教育用途，为 5G 提供更多频谱。2019 年 12 月 2 日美国移动电信公司（T-Mobile）称，要在美国推出首个“全国性”5G(第五代移动通信技术）服务，覆盖美国约 60% 的人口，但该公司承认目前这种 5G 服务未必会让网速显著提升。

(2) 数据与科技战略

除去信息基础设施，大数据的开发与应用也是美国政府关注的重点。2012 年 3 月，奥巴马政府推出了“大数据研究与开发计划”，该计划主要关注大数据研发的七个关键领域，并制定了七项战略方针，旨在促进人类对科学、医学和安全所有分支的认识，确保美国在研发领域继续发挥领导作用，通过研发来提高美国和世界解决紧迫社会和环境问题的能力。

美国政府注重通过构建数据驱动战略体系来激发联邦机构和整个国家的新潜能、加速科学发现和创新进程，并为数字发展的未来培养人才，以期在数字化时代具备领先全球的竞争力。2016年5月，美国政府发布了《联邦大数据研究与开发战略计划》(*The Federal Big Data Research and Development Strategic Plan*)，该计划制定了七项基本政策，分别对联邦政府各部门的大数据项目进行引导与拓展。这七项基本政策分别为：

①利用新兴大数据基础、方法和技术来创造下一代数据能力；②探索并了解数据可信度和知识有效性，探索数据驱动的最佳决策，寻求突破性发现；③加强大数据创新的网络基础设施研究，为联邦政府各部门提供支持；④通过促进数据管理及分享的政策提升数据价值；⑤了解大数据采集、共享、应用方面的隐私、安全和道德问题；⑥改善全国大数据教育和培训的整体状况，从而满足对大数据人才日益增长的需求；⑦建立并增强国家大数据创新生态系统中各方的联系。

人工智能同样是美国政府关注的重点。2016年10月，美国白宫科技政策办公室（OSTP）下属国家科学技术委员会（NSTC）发布了《国家人工智能研究与发展战略计划》(*National Artificial Intelligence Research and Development Strategic Plan*)。报告探讨了人工智能的发展现状和应用领域，并提出了美国优先发展人工智能的七大战略方向及两个方面的建议，旨在推动人工智能发展以促进经济发展、提升教育机会与生活质量、加强国土安全。这七项战略分别为：

①对人工智能研究进行长期投资；②开发有效的人类与人

工智能协作方法；③了解并解决人工智能的伦理、法律和社会影响；④确保人工智能系统的安全可靠；⑤开发用于人工智能培训及测试的供给数据集合环境；⑥制定标准和基准以测量和评估人工智能技术；⑦更好地了解国家人工智能人力需求。

报告的最后给出了两条发展建议：①开发一个人工智能研发实施框架；②研究创建并维护一个健全的人工智能研发队伍的国家愿景。该计划是全球首份国家层面的人工智能发展战略计划，表明了美国政府对人工智能领域不断深化的认识及研究以及对人工智能技术为社会提供积极影响的重视及努力。

(3) 数字政府

美国政府已将数字战略与技术发展及开放政府计划有机结合起来，以确保政府适应新数字世界，在数字经济的大趋势下保持国家竞争力、获得更多话语权。一直以来，美国政府将信息视为国家资产进行管理，尽可能向公众开放数据，从而提高政府工作效率、促进私营部门创新、鼓励科学发现和促进经济增长。

2009 年 1 月，奥巴马政府签署了《透明和开放政府备忘录》，呼吁建设一个更加透明、易于参与的协作型政府。同年 5 月，美国率先建立了政府数据开放网站 Data.gov，鼓励社会各界对海量数据进行创新应用。

为了提高联邦政府的运行效率，以及更快速地响应公众需求的能力，美国联邦政府 CIO 委员会于 2011 年 2 月颁布了《联邦政府云战略》(*Federal Cloud Computing Strategy*)。2012 年 5 月，美国政府发布了数字政府战略（*Digital Government Strategy*），旨在为美国民众提供更好的数字服务，使其随时随地通过任何设备访问高质量的数字政府信息和服务成为可能，确保美国政府适应数字时代，抓住机遇，以智慧、安全、实惠的方式使用数据资源，以及开放政府数据鼓励创新，并进一步提升政府服务质量。

2. 英国数字经济发展

英国数字经济处于全球领先地位，并成为英国经济增长的主要驱动力。为缓解2008年国际金融危机影响下的经济重创，调整产业结构，实现产业振兴，2009年6月，英国政府推出了《数字英国计划》，旨在通过改善基础设施，推广全民数字应用，提供更好的数字保护，从而将英国打造成世界的“数字之都”。该计划在宽带部署、移动通信、广播升级以及互联网管制方面皆制定了相关具体措施，目的是实现数字网络现代化，打造良好的数字文化创意产业环境，鼓励英国民众提供数字内容，确保所有人公平接入以及完善政府电子政务建设。这项战略也成为英国数字经济领域文化产业和分享经济发展的重要推动因素，是英国数字经济发展的起点。

2013年6月，为进一步促进数字经济发展，英国政府颁布了《数字英国战略2013》，确定了四个主要目标：

①建立一个强大的创新型数字经济部门，向世界出口最先进的产品和技术；②促进英国企业，特别是中小型企业积极使用信息技术和数据资源；③保证公民从数字时代中受益；④提升技能人才和基础设施的应用以巩固英国信息产业发展。

该战略从技术创新、集群发展、市场产业链、公众需求、人才教育以及其他专项建设等多个方面入手，制定了发展目标及行动纲要，明确了英国数字经济在短期内的发展方向。

2015年2月16日，英国技术战略委员会（TSB）“创新英国”发布《英国2015—2018年数字经济战略》，倡导通过数字化创新来驱动经济社会发展，为把英国建设成为未来的数字强国做出战略部署。该战略主要关注数字化创新及其应用，聚焦用户需求，构建数字设施、平台以及生态环境，整合创新技术资源，营造良好的商业、法律和监管环境，确保数字化发展的可持续性。

2017年3月，英国发布最新的《英国数字战略》，目标是在2025年将数字经济对英国经济的贡献值从2015年的1180亿英镑提升至2000亿英镑。该战略从技术基础、人力资源、投资及政策方面制定了七大战略方向：

①链接战略。致力于打造世界级的数字基础设施，使宽带接入成为公民基本权利，加速推进网络全覆盖建设；②数字技能与包容性战略。为每个公民提供提升其数字技能的培训机会，降低学习成本，为数字经济的发展培养适合的技术人才，并探索更好的人才培育模式；③数字经济战略。加大资金投入与政策支持，为科技创新和数字创业提供良好生长环境；④数字转型战略。帮助每一个英国企业实现数字化转型，缩小差距，提高生产效率；⑤网络安全战略。确保技术、数据以及网络的安全，保护企业、公民以及公共服务的利益；投资和鼓励网络安全行业发展以及人才的培养和输出，并重点关注儿童网络安全；⑥数字政府战略。打造全球领先的数字政府，为公民提供更好的在线服务；⑦数据经济战略。打造数据驱动型经济，采取多重举措释放数据在英国经济中的潜力，同时加强数据保护和数据开放共享。

3. 欧盟数字经济发展

欧盟的数字经济推进历程大体分为四个阶段：

第一阶段以1993年《成长、竞争力与就业白皮书》的发表并提出欧洲信息社会具体意见为标志，重点在于加快信息社会的网络基础建设。第二阶段以2000年3月《里斯本战略》的颁布及实施为标志。该战略目标是在2010年前成为“以知识为基础的、世界上最有活力和竞争力的经济体”，并将四大应用方向——电子政务、电子医疗与卫生、电子教育与培训、电子商务作为推动信息社会发展的主要支柱。第三阶段开始于2005年6月，以《i2010——建立充满经济增长和就业机会的欧洲信息社会》为标志。该战略鼓励开放、竞争的数字经济，强调ICT是提高包容度和生活品质的推动力。作为《里斯本战略》新的配套政策，为促进增长和扩大就业，i2010将采取综合措施，制定欧盟信息社会和视听媒体发展政策。这项计划提出了三个优先政策：①为欧盟信息社会和媒体行业创建一个开放、有竞争力的单一市场；②促进一个有包容性的欧洲信息社会的形成；③将欧盟对ICT技术的研发投入提高80%。第四阶段的标志是2010年的《欧洲数字议程》，以及2015年的《单一市场战略》的发布。2010年的《欧洲数字议程》是“2020欧盟战略”中提出的七大旗舰计划中的首个计划。欧委会针对当前影响欧盟信息技术发展的七大阻碍进行了分析，并提出了应对这些障碍的七项行动方案。

“数字单一市场战略”旨在打破欧盟境内的数字市场壁垒，建立统一的电信服务、版权、IT安全、数据保护等多个领域的法律法规。该战略确立了数字经济增长潜力最大化的三大支柱和十六项具体行动措施。

第一大支柱是为个人和企业提供更好的数字产品和服务，其中包括出台措施促进跨境电子商务发展；保障消费者权益；提供速度更快、价格更实惠的包裹递送服务；打破地域界限，改变同种商品不同成员国不同价的现状；改革版权保护法；推动提供跨境电视服务。

第二大支柱是创造有利于数字网络和服务繁荣发展的环境，包括全面改革欧盟的电信领域规章制度；重新审查视听媒体组织框架以适应时代需求；全方位分析评估搜索引擎、社交媒体、应用商店等在线平台的作用；加强数字化服务领域的安全管理，尤其是个人数据等。

第三大支柱是最大化实现数字经济的增长潜力，包括提出《欧洲数据自由流动计划》，推动欧盟范围内的数据资源自由流动；在电子医疗、交通规划等对单一数字市场发展至关重要的领域，推动建立统一标准和互通功能；建成一个包容性的数字化社会，使民众能抓住互联网发展带来的机遇和就业机会。

总而言之，通过对世界各国历年来发布的数字经济相关政策进行统计研究发现，各国的数字经济战略均经历了从信息化基础设施建设，到利用数字化技术全面改善国民生活质量，再到推动数字产业与传统产业融合发展的过程。多数国家的数字经济战略具体包含以下四个方面：①提升互联网质量，加大网络覆盖率；②推动大数据及高科技产业的科研与发展；③发展数字政府；④根据国情特色大力推动数字产业融合发展。

三、国外数字经济对产业转型的推动

数字化产业的蓬勃发展以及数字技术对传统产业生产力的巨大提升，是数字经济成为影响宏观经济重要元素的主要原因。因此，世界各国均根据国情及国家支柱产业的发展状况制定了相关发展政策。如美国利用本国高科技人才丰富、核心技术资源丰富的特点，一方面制定重振制造业策略，以发展智慧工业为动力，提升就业率，重振经济活力；另一方面加大人工智能等科学技术的研发投入，以核心技术为支撑，巩固其在数字时代的全球领先地位，争夺国际话语权。再如，日本依托本国信息技术强的长板，发布《创建最尖端 IT 国家宣言》，并发布《机器人新战略》，以期在数字时代用技术跑赢世界其他国家。而德国根据本国工业

制造业发达并具有世界影响力的特点，提出工业4.0的概念，旨在通过打造智能制造的新标准来巩固其全球制造业的龙头地位，以“确保德国制造的未来”。

(一) 农业数字化转型

联合国预测，世界人口将在2050年前超过90亿，并在21世纪末突破100亿大关。为了确保向迅速激增的人口提供足够的粮食，全球农业需要在比现有耕地多5%的土地上增产70%。为了使土地生产力最大化，应用数字科技准确预测农作物生长状况，实现精准农业是不二选择[①]。

美国农业部（USDA）和国家电讯信息局（NTIA）于1993年就已开始联合实施“农村设施服务计划”，每年拨款15亿美元用于推动农村和边远地区的因特网发展。

完善的信息和通信技术设施与互联网络帮助美国农业利用自动控制技术和网络技术实现了农业数据资源的社会化共享。1975年由内布拉斯加大学（The University of Nebraska）创建的世界上最大的农业计算机网络系统AGNET，覆盖全美46个州、加拿大的6个省，以及除美国、加拿大以外的7个国家，连通美国农业部、15个州的农业署、36所大学和大量的农业企业。用户通过家中的电话、电视或电脑，就能轻松查阅共享网络中的信息。这使农业生产者能及时、准确、完整地获得市场信息，有效地减少了农业经营的生产风险。此外，美国国家农业数据库、国家海洋与大气管理局数据库、地质调查局数据库等规模化、影响大的涉农信息数据中心（库）实行“完全与开放”的共享政策。已

① 用友网络科技股份有限公司．企业数字化目标、路径与实践[M]. 北京：中信出版社，2019.

经形成的“计算机集成自适应生产”模式，将生产参数信息（气候、土壤、种子、能源等）、资金及劳动力信息进行整合与计算，帮助生产者选定最佳种植方案，并在农作物的生长过程中，根据局部气候变化，进行自适应喷水、施肥、施药等农业活动。

与此同时，精准农业利用3S技术（遥感技术（RS）、地理信息系统（GIS）和全球定位系统（GPS））准确观测田间因素的变化，精确调整各项管理措施，最大限度地开发土地与农作物的潜能，以达到产量最大化、经济效益最大化的目标。近年来，农用无人机应用的增加，提高了农场环境的管理效率，从而提高了产量、生产率和收益。无人机收集和分析特定土地植物种群的可视化和多频谱数据，并将数据上传至云端，方便进行储存和远程操作。农田管理软件将采集的数据和图像信息进行处理与整合，进一步提升了精细化耕作水平。

随着经济的持续发展，农业劳动工作者的比例也在逐年递减。GDP每增加1%，农业从业者将减少0.52%。因此，使用机器人或自动化机器代替人类进行信息处理以及农业劳动也是一大趋势。如今，各式各样的农用机器人已经在全球范围内被广泛使用，已经能够代替人工完成大部分传统农业活动，如耕地、播种、收割、挤牛奶等。

（二）制造业数字化转型

1. 美国重振制造业

当前美国政府在着力构建数字化制造研究所，着力实现产学研联合。数字化制造实际上是通过应用数据与工具对相关信息进行加工，并以此做出更好决策的过程。美国制造业的营运模式已经从铸造工艺转型为先进数字化制造技术，在这一过程中，很多数字化制造工作的开展依赖的是美国国家增材制造创新研究所，其已经汇聚了一百多个成员的协作性和可持续性。美国芝加哥地区拥有自身的优势，能很好地做到这一点。利用伊利诺伊大学所具备的高性能计算能力，美国国家超级计算应用中心、阿贡国家实验室以及位于该地区的其他一些超级计算机，使其拥有处理数据的能力。数字化制造并不是将制造业和数据分离开来，也不是制造业新出现的数据。这意味着，现在我们已拥有工具能使用该数据，将数据转化为信息，然后利用这些信息来做出更好决策，并借此提高我们制造企业的生产效率。因此，此类数据的应用也就是数字化制造。

芝加哥数字化制造和设计创新（DMDI）研究院在美国数字化制造的发展中起着十分重要的作用，而伊利诺伊大学是创建UI 实验室的驱动因素之一。现在，UI 实验室已发展成为一家独立的非营利性组织，着眼于利用美国研究性大学已经取得的良好工作，特别针对工业对下一代技术的诉求，尤其是在制造业的需求，致力于撮合大学人才与行业技术，为此类合作创造一个没有偏倚的平台。这实际上是一项组合型的项目，涉及各行各业，但仍处在发展的早期阶段。尽管如此，未来高端制造业必将成为数字化制造最初阶段的工作重点。实际上，美国不仅拥有区域技术优势，还拥有国家性的技术优势，尤其在软件方面更是如此。诸如 3D 打印和数字化制造的相关技术，正不断降低成本，缩短从原型制作、流程变更到新产品商业化的时间。一直以来，美国所拥有的软件开发优势，使得其在各方面的许多技术领域内处于领先地位。事实上，时至今日，全球 80% 的软件依然在美国生产，其拥有半数以上世界最强性能的计算机系统。这一技术浪潮引来新一拨的业余爱好者，在自创的电脑俱乐部中，催生出更多类似于苹果公司的新企业、新产业。

美国建立了国家制造业创新网络（NNMI），着力关注聚焦区域中心。主要原因是：对于一家中小型制造商而言，或许企业正就如何维持企业生存而担忧，其可能推出一项产品或流程，但并不一定有时间投身于保持主动、理解业界的发展态势；而对于一家历史悠久的制造型企业而言，往往苦于缺乏资金进行再投资，又受偏逢漏雨之困。考虑到上述种种因素，协同整个制造行业构建一个协作的环境，帮助培养所必要的劳动力队伍，为中小型企业提供一个安全的港湾，解答一些问题，参与构建制造业生态系统，从而让他们能填补本来很难填补的差距的措施就显得非常重要。

美国国家制造业创新网络是一颗明珠，是由政府播撒的种子。而且，它还可以是一种助推器，如果你愿意，它可为你带来完整的供应链和整个制造行业，利用集体力量达成你以其他方式无法实现的目标。当谈及全球竞争力以及需要将制造业界定为国家经济安全之关键驱动力时，国家制造业创新网络的概念是非常重要的。未来将会有更多拓宽覆盖面的方式，鼓励那些尚未直接以赢家之姿参与其中的其他人的积极参与。需要指出的是，美国国家制造业创新网络属于独资——完全由政府当局提供种子资金，但这并非原始设计方案。因此，企业能感到的主要束缚在于：关注的重点，必然要切合在出资方的预算之内。

2. 德国工业 4.0

为了应对美国等发达国家的“再工业化”以及以中国为首的新兴国家制造业崛起带来的冲击，德国于 2011 年推出《未来图景“工业 4.0”》，正式提出工业 4.0 的概念。在机械化、自动化和信息化的基础上，建立智能化的新兴生产模式与生产结构。

德国工业4.0的具体内容可被概括为“一个网络、两大主题、三项集成、八项举措”。

“一个网络”是指信息物理系统网络，即将信息物理系统接入互联网，使物理设备具有计算、通信、精确控制、远程协调和自治五大主要功能。

“两大主题”是智能工厂和智能生产。智能工厂重点研究智能化生产系统及过程和网络化分布生产设施的实现，是数字世界和现实世界的融合。智能生产的重点在于将人机互动、智能物流管理、3D打印机等先进技术应用于工业生产的全过程，从而形成高度灵活、个性化、网络化的产业链，实现广泛的自动化控制。

“三项集成”是指横向、纵向以及端对端集成。横向集成是企业间通过价值链和信息网络进行资源整合与无缝合作；纵向集成是指个性化需求定制生产代替传统固定式生产流程；端对端集成是指贯穿整个价值链的工程化数字集成。这些集成的实现需要通过虚拟实体系统使无处不在的传感器、嵌入式终端系统、智能控制系统以及通信设施形成一个智能网络。

“八项举措”是指德国工业4.0的实现需要在八个关键领域采取行动，分别是：标准化和参考架构、管理复杂系统、为工业建立全面宽频的基础设施、安全和保障、工作的组织和设计、培训和持续的职业发展、规章制度、资源利用效率。德国工业4.0战略的核心就是通过虚拟实体系统网络实现人、设备以及产品的实时连通、相互识别和有效交流，进而构建一个高度灵活的个性化、数字化的智能制造模式。以奥迪公司为例，2030年的奥迪智能工厂将不再使用传统的生产流水线，客户通过三维扫描获得身体尺寸进行个性化定制，由3D打印机打印车身零部件，通过无人机在车间内传递，工人与机器人协同工作，成品汽车以自动驾驶的方式驶离装配线。目前，奥迪已经实现了智能制造，其增强现实系统“世界之窗”（Window to the World）能够将虚拟3D零部件投影到汽车上，进而实现数字世界和物理世界的精准对接。

（三）公共服务业数字化转型

服务业在全球数字化的影响下，通过数字化融合发展经历了巨大的转变，典型行业包括数字教育、数字媒体、数字医疗、数字交通等。

数字教育具有普遍应用性，可以解决教育资源不足、分配不均等问题，提升教育的转化效率。因此，数字教育得到了全球各国政府的大力支持。美国是最早开始发展数字教育的国家之一。“学校及图书馆项目”计划每年投入39亿美元，用于给学校及图书馆提供稳定的高速宽带。2012年3月，美国教育部和全美联邦通信委员会宣布实行美国数字化教育的第一个五年计划，目标在2017年前后在全美K-12公立学校普及数字化课本。2014年秋，美国政府继续推出了“未来准备承诺”项目，旨在帮助学校充分利用信息技术使学习活动更加个性化，并提供高质量的数字教学内容以培养学生探究力和创造力。

云图书馆以及大型开放式网络课程（MOOC）也是数字教育的体现。美国的云图书馆计划是由OCLC研究中心、HathiTrust数字图书馆、纽约大学Bobst图书馆、研究型馆藏获取和保存。联盟四方为适应云发展联合策划和实施的项目，旨在将庞大的印本图书转化为便于储存、管理、检索、分享的数字图书馆，并为图书类文本分析提供资源和渠道。与此同时，各高校及网络平台大力推广在线网络课程，不仅扩大了知识的传播范围，便于用户进行再培训，提高民众数字素养，还开辟了翻转课堂等新的学习方式，提高学习者的学习效率，强化学习效果。

随着科技的发展，VR/AR 技术将会加入数字教育，带来更加无缝融合的数字环境，建立平衡而有深度的学习框架。VR/AR 技术带来的沉浸式学习体验能够为师生提供更丰富生动的教育场景以及“实操”机会，影响学习者的学习习惯和思维方式。

除了数字媒体的线下媒体转线上媒体外，计算机算法及人工智能的提升都将为传统的媒体方式带来新变化。媒体可以根据大数据对用户的分析，更有针对性地点对点投放定制信息，提高转化率，同时改善旧有的信息接收模式。人工智能方面，自动写作软件的适用范围越来越广，从金融财经到教育、体育以及公共安全，AI 在内容产品领域的参与度也在逐步加深。

数字医疗是提升医疗资源、提高医疗质量的重要发展方向，是解决看病难、看病贵的关键方法。谷歌 Deep Mind 团队开发的 Streams 产品能在短短几秒钟内查看并判断存在急性肾脏损伤风险的患者的验血结果，并给出优化治疗方案；IBM 的 Watson 可以快速检索 60 万份医疗报告以及 150 万份癌症病例，并给出智能排序后的治疗方案清单，帮助医生制订个性化治疗方案。

数字交通是“智慧城市”的一部分，物联网的发展和智能设备的普及，使得获取交通数据更加便捷和多维。手机通信数据、停车数据、ETC（电子收费系统）收费数据、气象数据等多元大数据，可帮助实现城市范围内交通数据的充分融合和精确感知，从而实现城市交通的智能化控制。快速发展的自动驾驶技术将改变未来交通模式。根据相关研究预测，2035 年前，全球具备无人驾驶功能的车辆将达到 1800 万辆，其中 1200 万辆具备完全无人驾驶功能。目前各国已开展自动驾驶立法研究，美国国家公路交通安全管理局在2013年就已发布《自动驾驶汽车的基本政策》，用于规范自动驾驶汽车的测试监管。联合国通过《维也纳道路交通公约》关于自动驾驶技术的修正案，规定在全面符合联合国车辆管理条例或者驾驶员可以选择关闭该技术的情况下，将驾驶车辆的职责交给自动驾驶技术可以被允许应用到交通运输当中。

四、国外网络信息安全与管理借鉴

数字经济的迅速渗透使得互联网已经成为我们日常生活中不可或缺的一部分。无论是日常生活的娱乐、购物、在线支付，还是公司运营中的办公与生产，都离不开互联网。网络安全问题是各国发展数字经济需重视的主要问题之一。网络安全是影响社会各个层面的战略性国家问题，制定国家网络安全战略是提升国家基础设施和服务安全以及可恢复性的重要手段[①]。

为了应对日益严重的网络信息安全问题，目前世界主要经济体做法如下：

（一）美国

2016年2月9日，奥巴马政府公布《网络安全国家行动计划》，该计划从提升网络基础设施水平、加强专业人才队伍建设、增进与企业的合作等方面入手，全面提高美国在数字空间领域的安全。计划的主要举措有：

①由顶尖企业与技术专家共同建立“国家网络安全促进委员会”（Commission on Enhancing National Cyber security），共同起草

① 王保育，李纪华，吴筱瑛．企业数字化转型架构互联网＋时代的创新技术与实践[M]. 北京：电子工业出版社，2015.

网络安全技术与政策的十年发展规划；

②拨款31亿美金作为信息技术现代化基金，用于升级已过时或难维护的政府IT和网络安全管理基础设施；

③通过“国家网络安全联盟”（the National Cyber Security Alliance）发起新的国家网络安全宣传行动（National Cyber security Awareness Campaign），对信息消费者进行网络安全意识培训，加强用户在线账户的保护，除密码外，辅以指纹、短信发送一次性密码等更多安全措施。

特朗普政府提出建立由军方、执法机构和私营部门组成的网络审查小组，致力于审查包括关键基础设施在内的美国网络防御的状况。“网络空间”早已成为美国国防部的作战范畴，网络战成为与陆战、海战、空战以及太空战并行的第五种作战形式。

（二）英国

2016年11月1日，英国颁布《网络安全战略》，该战略涵盖八项内容，包括开展国际行动、加大干预力度、借助各界力量、改进武装部队网络技术、提升网络攻击应对能力、启动国家网络安全中心、成立网络创新中心、促进网络人才培养等，计划投入19亿英镑，用于提升网络防御技术，加强网络空间建设。2017年2月14日，英国国家网络安全中心（NCSC）宣告成立，该中心由网络评估中心、计算机应急响应小组和情报机构政府通信总部的信息安全小组合并而成，旨在打造“安全、繁荣、自信、能够抵御网络威胁的数字世界”。该中心目前从事的项目包括：增强电子邮件的安全性；扫描公共组织的系统漏洞；鼓励创新身份认证模式；开展默认安全伙伴计划；自动过滤实现网络保护；完善软件生态系统；减少攻击和应对安全事件；在研究、创新和技能上提升网络安全能力；等等。

除上述措施外，英国政府也十分重视网络安全方面人才的培养。英国情报机构政府通信总部曾于2015年3月实施“Cyber First”计划，通过各类竞赛挖掘潜在人才，培养“下一代网络安全专家”。NCSC成立后，继续通过制定战略、举办大赛、提供培训、保障就业、交流互动等方式加强人才优势，争取在网络安全建设的竞争中抢占先机。

(三) 欧盟

2016年7月6日，欧盟立法机构通过《网络与信息系统安全指令》，旨在加强基础服务运营者和数字服务提供者的网络与信息系统的安全，提高欧盟应对处理网络信息技术故障的能力，提升欧盟打击黑客恶意攻击及跨国网络犯罪的力度。其核心内容有四项：

①要求成员国制定网络安全国家战略，以应对日益激增的网络安全事故；②要求加强成员国之间的合作与国际合作，整体提升欧盟对网络安全威胁和事故的应对能力；③确立网络安全事故通知与分享机制；④对数字服务提供者采取轻监管思路，避免过度监管对物联网行业发展产生不利影响。

互联网在削弱地域局限的同时也增加了安全隐患。信息数据的产生与流动蕴藏着巨大价值，因此保护信息与网络安全将是数字经济发展的重要一环。在数字经济蓬勃发展的当下，只有掌握核心资源、拥有更多话语权、不断提高综合竞争力，才能在这场变革中立于不败之地。

第二节　我国数字经济发展现状

一、我国数字经济发展战略

2013 年 8 月，国务院发布了“宽带中国”战略实施方案，这是宽带设施建设首次成为国家战略性公共基础设施。该战略目标是在 2015 年基本实现城市光纤到户、农村宽带进乡入村、固定宽带家庭普及率达到 50%、3G/LTE 用户普及率达到 32.5%。根据方案提出的目标，到 2020 年，宽带网络全面覆盖城乡，固定宽带家庭普及率达到 70%，3G/LTE 用户普及率达到 85%，形成较为健全的网络与信息安全保障体系。

2015 年 7 月，国务院发布《关于积极推进“互联网 +”行动的指导意见》，旨在加强数字经济与传统产业的融合。目标是到 2018 年，互联网与经济社会各领域的融合发展进一步深化，基于互联网的新业态成为新的经济增长动力，互联网支撑大众创业、万众创新的作用进一步增强，互联网成为提供公共服务的重要手段，网络经济与实体经济协同互动的发展格局基本形成。到 2025 年，网络化、智能化、服务化、协同化的“互联网 +”产业生态体系基本完善，“互联网 +”新经济形态初步形成，成为经济社会创新发展的重要驱动力量，“互联网 +”的推动将进一步促进产业升级、提升公共利益、加速经济发展。

2015 年 5 月至 2016 年 7 月，我国先后出台《中国制造 2025》《促进大数据发展行动纲要》《国家信息化发展战略纲要》等一系列文件，为数字经济的发展提供了政策、技术等各方面的指导与支持。其中《国家信息化发展战略纲要》为未来十年国家的信息化发展提出了“三步走”的战略方针：第一步，到 2020 年，核心关键技术部分领域达到国际先进水平，信息产业国际竞争力大幅提升，信息化成为驱动现代化建设的先导力量；第二步，到2025年，建成国际领先的移动通信网络，根本改变核心关键技术受制于人的局面，实现技术先进、产业发达、应用领先、网络安全坚不可摧的战略目标，涌现一批具有强大国际竞争力的大型跨国网信企业；第三步，到20世纪中叶，信息化全面支撑富强、民主、文明、和谐的社会主义现代化国家建设，网络强国地位日益巩固，在引领全球信息化发展方面有更大作为。该纲要旨在大力推动数字化建设，使其成为我国面对国际竞争的新优势，并为国内经济增长新态势持续注入活力，同时降低数字设施应用成本以全面提升社会福祉。

2020年7月3日，中国信息通信研究院正式发布《中国数字经济发展白皮书（2020年）》(以下简称“白皮书”)。该白皮书是继2015年以来连续第六次发布数字经济研究成果，其中数字经济测算方法被纳入G20(阿根廷)《数字经济测算工具箱》，测算结果被广泛引用。值得注意的是，该白皮书首次提出了数字经济“四化”框架。具体内涵如下：

一是数字产业化。数字产业化即信息通信产业，是数字经济发展的先导产业，为数字经济发展提供技术、产品、服务和解决方案等。具体包括电子信息制造业、电信业、软件和信息技术服务业、互联网行业等。数字产业化包括但不限于5G、集成电路、软件、人工智能、大数据、云计算、区块链等技术、产品及服务。

二是产业数字化。产业数字化是数字经济发展的主阵地，为数字经济发展提供广阔空间。产业数字化是指传统产业应用数字技术所带来的生产数量和效率提升，其新增产出构成数字经济的重要组成部分。数字经济，不是数字的经济，而是融合的经济，其中实体经济是落脚点，高质量发展是总要求。产业数字化包括但不限于工业互联网、两化融合、智能制造、车联网、平台经济等融合型新产业新模式新业态。

三是数字化治理。数字化治理是数字经济创新快速健康发展的保障，是国家治理体系和治理能力现代化的重要组成部分，即运用数字技术，建立健全行政管理的制度体系，创新服务监管方式，实现行政决策、行政执行、行政组织、行政监督等体制更加优化的新型政府治理模式。数字化治理包括治理模式创新，利用数字技术完善治理体系，提升综合治理能力等。数字化治理包括但不限于以多主体参与为典型特征的多元治理，以“数字技术+治理”为典型特征的技管结合，以及数字化公共服务等。

四是数据价值化。价值化的数据是数字经济发展的关键生产要素，加快推进数据价值化进程是发展数字经济的本质要求。数据可存储、可重用，呈现爆发增长、海量集聚的特点，是实体经济数字化、网络化、智能化发展的基础性战略资源。数据价值化包括但不限于数据采集、数据标准、数据确权、数据标注、数据定价、数据交易、数据流转、数据保护等。

人类经历了农业革命、工业革命，正在经历信息革命。新一轮科技革命和产业变革席卷全球，数据价值化加速推进，数字技术与实体经济集成融合，产业数字化应用潜能迸发释放，新模式新业态全面变革，将数据变成企业看得见可运营的资产，这是国家与时代的号召。

二、我国数字经济总体规模

数字经济已经成为国内生产总值的重要组成部分。《中国互联网发展报告2019》指出，2018年，我国数字经济规模达31.3万亿元，占GDP比重达34.8%，数字经济已成为我国经济增长的新引擎。截至2019年6月，我国网民规模为8.54亿人，互联网普及率为61.2%。光纤接入用户规模达3.96亿户，居全球首位。

数字经济逐步成为我国经济发展的核心动力，并将为各行各业带来新的发展契机。中国“互联网+”数字经济指数由基础分指数、产业分指数、双创分指数以及智慧民生分指数共四部分的加权平均值相加构成。其中，基础分指数由来自微信及手机QQ的移动互联网产品数据以及腾讯云计算平台的四个用量指标构成；产业分指数取自三大类行业微信公众号的十大特征值，移动支付数，以及京东、滴滴、携程、新美大这四家行业领先的互联网公司的交易及流量数值；双创分指数由新增APP数量及有效创业项目数量构成；智慧民生指数来自对公共服务项目价值和质量的测评，以及用户活跃度、满意度等指标。细分行业中表现最为强劲的是医疗健康、交通物流以及教育行业，其增幅分别为397.61%、307.77%以及304.88%。由此反映出在过去一年里各产业在数字化进程的推进中取得的重大成果，以及部分产业消费升级带来的正面经济影响。

该报告分析，在我国各大城市中，北京、深圳、上海、广州的数字化进程较为领先，其余城市的发展程度自这四个一线城市，由东南沿海向中西部纵深发展。在省级单位的排名中，广东省以54.23高居榜首，北京、上海、浙江、江苏分居2~5位。这五个省市在“互联网+”数字经济总指数中占比高达49.07%。排名稍后的省份与城市相较第一梯队增长速度更加快速，其中二、四线城市的“互联网+”数字经济指数增速均高于全国水平，三线城市紧随其后。因此数字经济有助于缩小经济差距，推动国内整体经济的腾飞。

三、我国信息技术高新产业

当前新一轮科技革命和产业变革席卷全球，大数据、云计算、物联网、移动互联网（“大云物移”）以及人工智能、区块链等新技术不断涌现，数字经济正深刻地改变着人类的生产和生活方式，作为经济增长新动能的作用日益凸显。

（一）大云物移

“大云物移”是指大数据、云计算、物联网以及移动互联等新一代互联网和信息技术产业发展的基础力量。

1. 大数据

国家信息中心信息化专家陈玉龙提出，大数据是数据体量超指数增长的现象，是人们在信息与实物之间活动留下的投影，具有“真”“快”“全”的特点。2015 年 9 月发布的《促进大数据发展行动纲要》中指出，大数据已成为推动经济转型发展的新动力、重塑国家竞争优势的新机遇以及提升政府治理能力的新途径。大数据发展指数旨在评估全国各省的大数据发展水平，该指数包括政策环境、人才状况、投资热度、创新创业、产业发展以及网民信息，共六个一级指标。通过测评，2018 年全国大数据发展指数的平均值仅为 47.15，反映出我国大数据发展总体仍处于起步阶段。其中，北京市、广东省以及上海市位居前三，分别为 78.22、74.72、69.14。从地域上看东南沿海地区发展趋势较好，其次是位于西南的贵州、重庆和四川。从六个一级指标来看，“投资热度”和“产业发展”得分相对较低，是当前地方大数据发展的短板。

近年来，国家各部门相继推出相关大数据发展意见和方案，大数据政策逐渐从总体规划走向各大行业及细分领域，从理论基础走向实际应用，大数据政策体系日益完善。政策的推动使得我国积累了一定的大数据管理经验，逐步探索出具有地方特色的大数据发展运营管理机制，并且加速数据开放度的提升。与此同时，大数据项目的投融资与创新创业也在稳步增长。

目前大数据发展面临的主要问题有三个：人才供需不平衡、数据管理体系尚未完善、数据安全风险突出。现阶段人才市场对数据分析和系统研发岗位需求较为旺盛。北京、上海、深圳三地的大数据就业市场，相对全国其他地区最为活跃，但深圳、南京、大连、南昌、贵阳、合肥以及天津等地人才供给不足的现象较为突出。高端综合型人才短缺问题日益突出，主要面临的问题有：①我国大数据发展历程还较短，从业者经验不足，对大数据的认知和分析思维相对滞后；②人才发展速度无法追赶正在高速发展的大数据市场，人才缺口日益加大；③我国大数据专业教育仍处于起步阶段，人才培养模式有待优化；④人才供需结构不平衡。

大数据未来发展方向可从以下几方面着手：①促进供需精准对接，推动大数据技术进步；②加强各方数据治理，发挥数据资产价值；③优化行业整体环境，加快行业资源开放；④实施融合发展战略，构建产业生态体系；⑤加强校企合作，探索人才培养方式；⑥完善法律制度，保障数据安全；⑦突出地方特色，优化区域产业布局；⑧产学研协作创新，加速基础设施建设。

2. 云计算

云计算这个概念从提出到今天，已经差不多10年了。在这10年间，云计算取得了飞速的发展与翻天覆地的变化。现如今，云计算被视为计算机网络领域的一次革命，因为它的出现，社会的工作方式和商业模式发生了巨大的改变。

追溯云计算的起源，它的产生和发展与并行计算、分布式计算等计算机技术密切相关。但云计算的历史，可以追溯到1956年，Christopher Strachey发表了一篇有关于虚拟化的论文正式提出虚拟化。虚拟化是今天云计算基础架构的核心，也是云计算发展的基础。

20世纪90年代，计算机网络出现了大爆炸，出现了以思科为代表的一系列公司，随即网络出现泡沫时代。

2004年，Web2.0会议举行，Web2.0成为当时的热点，这也标志着互联网泡沫破灭，计算机网络发展进入了一个新的阶段。在这一阶段，让更多的用户方便快捷地使用网络服务成为互联网发展亟待解决的问题，与此同时，一些大型公司也开始致力于开发具有大型计算能力的技术，为用户提供了更加强大的计算处理服务。

2006年8月9日，Google首席执行官埃里克·施密特（Eric Schmidt）在搜索引擎大会首次提出“云计算”（Cloud Computing）的概念。这是云计算发展史上第一次正式地提出这一概念，有着巨大的历史意义。

2007年以来，“云计算”成为计算机领域最令人关注的话题之一，同样也是大型企业、互联网建设着力研究的重要方向。因为云计算的提出，互联网技术和IT服务出现了新的模式，引发了一场变革。

2008年，微软发布其公共云计算平台（Windows Azure Platform)，由此拉开了微软的云计算大幕。同样，云计算在国内也掀起了浪潮，许多大型网络公司纷纷加入云计算的阵列。

2009年1月，阿里软件在江苏南京建立首个“电子商务云计算中心”。同年11月，中国移动云计算平台“大云”计划启动。

现在云计算已经发展到较为成熟的阶段。

2019年8月17日，北京互联网法院发布《互联网技术司法应用白皮书》。在发布会上，北京互联网法院互联网技术司法应用中心揭牌成立。

目前，较为简单的云计算技术已经普遍服务于现如今的互联网服务中，最为常见的就是网络搜索引擎和网络邮箱。

搜索引擎大家最为熟悉的莫过于谷歌和百度了，在任何时刻，都可以在搜索引擎上搜索任何自己想要的资源，通过云端共享数据资源。网络邮箱也是如此。在过去，寄一封邮件是一件比较麻烦的事情，而在云计算技术和网络技术的推动下，电子邮箱成为社会生活中的一部分，只要在网络环境下，就可以实现实时的邮件寄发。

云计算主要以以下几种形式应用于互联网大数据时代。

(1) 存储云。存储云，又称云存储，是在云计算技术上发展起来的一个新的存储技术。存储云是一个以数据存储和管理为核心的云计算系统。用户将本地的资源上传至云端后，便可在任何地方连接互联网来获取云端的资源。大家所熟知的谷歌、微软等大型网络公司均有云存储的服务，在国内，百度云和微云则是市场占有量最大的存储云。存储云向用户提供了存储容器服务、备份服务、归档服务和记录管理服务等，大大方便了使用者对资源的管理。

(2) 医疗云。医疗云是指在云计算、移动技术、多媒体、4G通信、大数据以及物联网等新技术基础上，结合医疗技术，使用云计算技术来创建医疗健康服务的云平台，以实现医疗资源的共享和医疗范围的扩大。因为云计算技术的运用，医疗云可提高医疗机构的效率，方便居民就医。如现在医院的预约挂号、电子病历、医保等都是云计算与医疗领域结合的产物，医疗云还具有数据安全、信息共享、动态扩展、布局全国的优势。

（3）金融云。金融云是指利用云计算的模型，将信息、金融和服务等功能分散到庞大分支机构构成的互联网“云”中，旨在为银行、保险和基金等金融机构提供互联网处理和运行服务，同时共享互联网资源，从而解决现有问题并且达到高效、低成本的目标。2013 年 11 月 27 日，阿里云整合阿里巴巴旗下资源并推出阿里金融云服务。其实，这就是现在基本普及了的快捷支付，因为金融与云计算的结合，只需要在手机上简单操作，就可以完成银行存款、保险购买和基金买卖等。现在，苏宁金融、腾讯等企业均推出了自己的金融云服务。

（4）教育云。教育云，实质上是教育信息化的一种发展。具体来说，教育云可以将所需要的任何教育硬件资源虚拟化，然后将其传入互联网中，为教育机构和学生、教师提供一个方便快捷的平台。现在流行的慕课（MOOC）就是教育云的一种应用。慕课，指的是大规模开放的在线课程。现阶段慕课的三大优秀平台为 Coursera、edX 以及 Udacity，在国内，中国大学 MOOC 也是非常好的平台。2013 年 10 月 10 日，清华大学推出了 MOOC 平台——学堂在线，许多大学已使用学堂在线开设了课程。

3. 物联网

近几年来，物联网概念加快与产业应用融合，已成为智慧城市和信息化整体方案的主导性技术思维。当前，物联网已由概念炒作、碎片化应用、闭环式发展阶段进入跨界融合、集成创新和规模化发展的新阶段，与我国新型工业化、城镇化、信息化、农业现代化建设深度交会，在传统产业转型升级、新型城镇化和智慧城市建设、人民生活质量不断提高方面发挥了重要作用，取得了明显的成果。

数据显示，“十三五”以来，我国物联网市场规模稳步增长，到2018年已达到1.43万亿元。根据工信部数据显示，截至2018年6月底，全国物联网终端用户已达4.65亿户。未来物联网市场上涨空间可观。预计2020年底我国物联网市场规模将突破2万亿，预计“十三五”期间年均复合增长率达24%。

4. 移动互联网

移动互联网也是数字经济发展的基础条件之一。2017年全国数字经济规模达到27.2万亿，占GDP总量的32.9%；数字经济对GDP增长贡献已达到55%，成为国民经济重要组成部分。

近年来，移动互联网的发展进入稳定期，用户性别结构逐渐接近人口比。移动应用的发展也转向深耕细作，市场更注重细分，追求个性，线上线下相结合。我国移动互联网发展方向将从业务改造转向模式创新。继生活方面的移动互联应用发展浪潮过后，生产领域、社会领域的应用将会迎来快速发展期。伴随着工业智能化时代的到来，以机器人、3D打印、智能家居、可穿戴设备、智能汽车为代表的新兴产业和新兴业态蓬勃发展，推动生产制造向数字化、网络化、智能化方向发展，移动互联网将在技术融合与产业升级方面起到关键作用。移动互联网不仅会方便人们的日常生活，还会进一步改变人们的工作方式。

与此同时，平台融合也是移动互联网发展的一大趋势。移动端打破了行业界限，把原本互相独立的产业、行业及不同的机构与部门融合到一个数字化网络平台。如新闻客户端与政府公共服务相结合，购物平台、交通购票以及缴费理财三位一体等。移动互联网的发展还将与物联网以及金融科技结合越来越紧密。移动互联网的发展使得数字经济走入民众的日常生活，为其带来最直观的变化。

(二)人工智能

人工智能(Artificial Intelligence),英文缩写为AI。它是研究、开发用于模拟、延伸和扩展人的智能的理论、方法、技术及应用系统的一门新的技术科学。同时,人工智能也是各国政府战略发展的重点,多国政府于2016年前后相继发布了相关战略计划。欧盟于2016年以前发布了《欧盟人脑计划》,英国于2016年发布了《人工智能:未来决策制定的机遇与影响》。我国政府发布了《机器人产业发展规划(2016—2020年)》以及《"互联网+"人工智能三年行动实施方案》。

全球各大科技公司也将发展人工智能作为未来的业务核心。Alphabet、IBM、Facebook、亚马逊、微软以及苹果公司参与的非营利组织"人工智能伙伴关系(Partner ship on AI)",致力于推进公众对人工智能技术的理解,并制定未来人工智能领域研究者的行为准则,同时针对当前领域的挑战及机遇提供有益有效的实践。

作为新一轮产业变革的核心驱动力和引领未来发展的战略技术,国家高度重视人工智能产业的发展。2017年国务院发布《新一代人工智能发展规划》,对人工智能产业进行战略部署;在2018年3月和2019年3月的政府工作报告中,均强调要加快新兴产业发展,推动人工智能等研发应用,培育新一代信息技术等新兴产业集群,壮大数字经济。

在人工智能产业技术与应用取得突破的同时,人工智能领域也获得了资本的青睐,成为风口产业,在资本和技术协同支持下进入了高速进步期。2018年我国人工智能领域融资额高达1311

亿元，增长 677 亿元，增长率为 107%。

根据《新一代人工智能发展规划》，2020 年我国人工智能的技术与应用水平将发展至世界先进水平，同时核心产业规模超过 1500 亿。2030 年我国人工智能核心产业规模超过 1 万亿元。

目前我国人工智能的发展主要有两个方向：视觉识别和智能机器人，其中发展视觉识别的企业较多。百度、阿里、腾讯对核心技术研发方面的投入尤其重视。百度于 2011 年在美国硅谷建立了第一个人工智能中心，总研发投入连年增长。目前百度已完成人工智能技术体系的整合，将百度研究院、百度大数据、百度语音、百度图像等技术整体并入人工智能技术体系，将人工智能作为公司发展的关键。腾讯公司的人工智能技术侧重于图像识别方向，其人脸识别、图片识别、音频识别等技术指标均在国际人工智能比赛中创下世界纪录，在人脸识别技术方面更是以 99.65% 的准确率名列世界前茅。

(三) 区块链

区块链是比特币的基础技术，它起源于化名为“中本聪”的学者在 2008 年发表的奠基性论文《比特币：一种点对点电子现金系统》。区块链是分布式数据储存、点对点传输、共识机制、加密算法等技术的集成应用。它创建了一种基于人工算法的新型信任机制，对多个行业有重大价值。截至 2018 年 4 月底，全球区块链融资达到 455 宗，累计融资额为 19.47 亿美元。近年来，区块链已成为各大国际组织与多国政府的讨论热点。

目前区块链技术和应用还处在开发与应用快速发展的初期。万向控股、蚂蚁云、微众银行、乐视金融及万达网络科技等企业，正在加大资金投入，推动成立了分布式总账基础协议联盟、金融区块链合作联盟，并建设联合实验室，加快研发通用的区块链平台，支持中小企业和个人创业创新。

四、我国数字融合发展状况

（一）农业融合发展

我国农业的数字化转型也在如火如荼地开展。目前正在由单一数字农业技术向数字集成化、高度自动化方向发展。电子技术、控制技术、传感技术、农机工程装备集成已成功应用于精准农业当中。无人机除了传统的喷洒农药之外，也逐渐广泛应用在土地确权、标准农田管理、航空植保以及农田测损等方面。农业大数据以及人工智能成为我国农村主要的发展方向。数字农业服务定制化也成为未来数字农业的发展趋势之一。

（二）制造业融合发展

众多传统制造业企业，如三一重工、中联重科、海尔、商飞等，已开始广泛利用信息技术改进生产模式，提高生产效率，拓展企业价值空间。2015年5月，国务院发布《中国制造2025》，目标是通过“三步走”实现制造强国的战略目标。第一步：用十年时间迈入制造强国行列；第二步：到2035年，制造业整体达到世界制造强国阵营中等水平；第三步：到2045年时，制造业大国地位更加巩固，综合实力进入世界制造强国前列，制造业主要领域具有创新引领能力和明显竞争优势，建成全球领先的技术体系和产业体系[①]。

① 皮埃尔·让·邦高奇．数字化企业设计和管理[M]. 北京：航空工业出版社，2018.

《中国制造 2025》中明确了九项战略任务和重点：①提高国家制造业创新能力；②推进信息化与工业化深度融合；③强化工业基础能力；④加强质量品牌建设；⑤全面推行绿色制造；⑥大力推动重点领域突破发展，聚焦新一代信息技术产业、高档数控机床和机器人、航空航天装备、海洋工程装备及高技术船舶、先进轨道交通装备、节能与新能源汽车、电力装备、农机装备、新材料、生物医药及高性能医疗器械等十大重点领域；⑦深入推进制造业结构调整；⑧积极发展服务型制造和生产性服务业；⑨提高制造业国际化发展水平。

《中国制造 2025》文件发布后，工业制造业各大企业纷纷响应号召，积极探索数字化转型，取得了阶段性成果。典型代表是海尔自主研发、自主创新的定制平台——COSMO Plat。它是一个凭借精准抓取用户需求、精准生产，进而实现高精度、高效率大规模定制的工业互联网平台。自海尔 COSMO Plat 开启社会化服务以来，已经聚合了上亿用户资源，以及 300 万以上的生态资源，形成了用户与资源、用户与企业、企业与资源的 3 个“双边市场”，在电子、船舶、纺织、装备、建筑、运输、化工等七大行业均实现推广落地，形成了新工业体系的“中国标准”。

(三) 服务业融合发展

根据 CB Insights 的报告，数字医疗、在线教育以及金融科技是我国现阶段最受关注的创投领域。但绝大多数应用仍处于发展初期，其中，自诊、医学检查类产品仅占 8%，医疗信息检索类产品仅占 6%。未来数字医疗的发展需要重视信息技术的应用与创新，推动与健康医疗相关的人工智能、生物 3D 打印、医用机器人、可穿戴设备以及相关微型传感器等技术在疾病预防、应急保健以及日常护理方面的应用。在政策上，推进分级诊疗体系建设，促进医疗资源下沉，完善远程会诊等服务。与此同时，建立完善的数字医疗体系和数据保障制度也将是推进数字医疗的工作重点。

我国于2012年出台了《“中国数字教育2020”行动计划》，目标是在2020年全面完成《教育规划纲要》所提出的教育信息化目标任务，形成与国家教育现代化发展目标相适应的教育信息化体系，基本建成人人可享有优质教育资源的信息化学习环境，基本形成学习型社会的信息化支撑服务体系，基本实现所有地区和各级各类学校宽带网络的全面覆盖，使教育管理信息化水平显著提高，信息技术与教育融合发展的水平显著提升。教育信息化整体上接近国际先进水平，其对教育改革和发展的支撑与引领作用将充分显现。

金融科技是金融机构与科技企业的交叉领域。有别于互联网金融的“将互联网作为金融产品的营销渠道”，金融科技是以包括大数据、云计算、移动互联、区块链、人工智能等在内的新一代信息技术为手段，提升金融行业运作范式，提高其工作效率，帮助金融机构去做以前做不了或者做起来成本很高的事情。

金融科技作为金融行业升级的一项基础设施，其产业链涵盖包括资产获取、资产生成、资金对接以及场景深入在内的整个金融业务流程；其业务内涵也十分丰富，包括系统构建、电子支付、网络信贷、大金融（各类金融产品的代销服务）以及生活科技等。

毕马威发布的《2016全球金融科技100强》中，共有八家中国企业上榜，其中有五家企业挺进前十。艾瑞咨询（I Research）认为，这一趋势还将持续五年之久。其原因在于互联网金融的收紧，导致大多数围绕网贷行业的科技企业营收萎缩；同时，金融科技的定位偏向金融业务的后端，增速不会像行业增速那样快；并且，金融科技仍需时间发展和转型。

五、数字技术催生共享经济

信息技术的发展为数字经济开辟了无限的创新空间，移动互联网与物联网的发展不仅进一步推动了信息共享，还由此孕育出了分享经济这一全新经济形式。企业与个人通过互联网分享海量碎片化资源，包括土地、房屋、产品、劳力、知识、时间、设备、生产能力等，大幅提升了全社会的资源配置能力，极大地提高了资源利用效率。

分享经济是适合我国国情、发挥我国网民红利的经济形式。共享单车最早出现在1965年的阿姆斯特丹，2007后在欧美国家流行开来。时至今日，纽约等美国城市的共享单车依旧保持着原有风格：拥有固定停车桩，自行车后部安装信用卡刷卡器，使用费用和押金都相对高昂。而我国原本就是自行车大国，骑自行车的人数居全球第一。此外，基于二维码的移动互联网支付技术简单便捷，因此共享单车在我国一出现，便火速普及。目前市场上已投入了几千万辆自行车，注册用户过亿。

共享经济在发展的过程中，除了为大众提供了创新的服务模式外，还在促进就业、提升社会资源运转效率上做出了巨大贡献。

共享经济已成为社会经济发展新动能，随着政策逐步规范，公众认知不断提升，行业将继续保持快速有序的发展态势。

第三节　我国发展数字经济面临的挑战

一、数字鸿沟

数字鸿沟是指在信息技术发展的过程中，由于数字化进程不一致导致的国与国、地区与地区、产业与产业、社会阶层与社会阶层之间在基础设施、居民数字素养以及数字信息内容公开程度上的差异[①]。

近年来，尽管我国宽带普及率在不断提高，网民数量也在逐年增长，但城乡之间以及东西部之间的数字鸿沟仍在加剧。数字素养的差异是造成数字鸿沟的原因之一。数字素养是指获取、理解与整合数字信息的能力，具体包括网络搜索、超文本阅读、数字信息批判与整合能力，可以简单地总结为从数字信息中获取价值的能力。在数字时代，数字素养已经成为各行各业对劳动力的一项基本素质需求，加强数字化教育、提升国民数字素养是我国成为数字强国的重要环节。

此外，数字信息内容公开程度也是造成数字鸿沟的一大原因。数据及信息开放程度的落后将直接造成民众和企业在获取及应用信息上的困难，进一步拖缓数字进程，影响数字经济的发展。

二、数据质量

在数据成为核心资源的今天，数据质量直接关系着社会各方对资源的利用效率。ISO9000 质量管理体系将数据质量定义为“数据的一组固有属性满足数据消费者要求的程度”。数据的固有

---

① 阮闯 . 企业大脑人工智能时代的全数字化转型 [M]. 北京：经济管理出版社，2017.

属性包括真实性、及时性、相关性，即数据能否真实反映客观世界、数据是否更新及时以及数据是否是消费者关注和需要的。同时，高质量的数据还需要是完整无遗漏、无非法访问风险以及能够被理解和解释的。

影响数据质量的原因有很多，比如数据的多源性。当一个数据有多个来源时，很难保证值的一致性，以及更新的同步性。其中一个影响数据质量的主要原因是复杂数据的表示方式不统一，标准不明确。随着大数据的发展，每天都会产生大量多维度异构数据，如何对复杂数据进行统一编码，方便数据之间的兼容与融合，还有待进一步发展。

三、信息安全

近年来，信息安全的威胁逐年增长。乔木网络（Arbor Networks）的第11届年度全球基础设施安全报告显示，2015年DDOS攻击强度创下新高，最高一次强度超过500Gbps。来自网络安全企业（Cyber security Ventures）的《2017 Q1网络安全报告》预计，未来五年，全球网络安全支出将超过1万亿美元。到2021年，全球企业每年因网络犯罪花费的成本将超过6万亿美元。目前，企业的网络安全预算普遍较低，多数公司在遭遇网络入侵事件时，因担心名誉受损、安全预算增加甚至担心激怒网络犯罪分子等原因而选择不公开。此外，个人网络安全消费支出也普遍较低，安全意识淡薄，多数网民在遭遇网络攻击后才考虑投入资金。

加强网络安全监管、掌握核心技术、提高民众安全防范意识，是发展数字经济的重要一环。

四、法律法规

目前，相关法律法规滞后是数字经济发展面临的一大挑战。比如，伴随数字经济的发展，全球大量定时定点的工作岗位会逐渐消失，新涌现出大批兼职、自我雇佣等灵活就业岗位，而现有的劳动合同法、社会保险法、社会保险费征缴暂行条例等法律法规不能给灵活就业者提供有效的社会保障[①]。

数字知识产权的保护也需要引起重视。英国《数字经济2010》就着重强调了对数字产品，如音乐、媒体、游戏等内容的著作权进行规范与保护。同时，数据产权问题也日益凸显，数据由谁保管、如何处理与应用以及如何进行交易，所有者、拥有者、使用者和管理者之间的责、权、利的划分，也缺少相关法律的明确规定。此外，一些管理制度的落后与僵化，与数字经济去中心化、跨区域、跨行业、灵活多变的特质相冲突，制约了数字经济的发展。阿里巴巴集团副总裁、阿里研究院院长高红冰在“2017中国‘信息经济+金融科技’发展大会”上提出，“美国是数字经济强国，中国是数字经济应用大国”。他表示：“未来五年，全球数字经济发展将呈现三个层次：第一，硅谷仍将引领核心技术创新，以色列会在个别领域紧跟美国；第二，中国、印度会是技术创新大规模应用的市场；第三，新技术和商业模式的应用需要硬件设备的支持，日、韩、中国台湾和华南地区将起到重要作用。”他呼吁，“对于互联网这种新事物，应该更多地包容，而不是限制或者强化监管。面向未来、面向全球，中国要成为领头羊，需要更加开放，多方协作，共创互联网更好的明天”。

① 王丹洋.数字经济下关于我国税收征管的探讨[D].石家庄：河北经贸大学，2020.

第三章 数字经济发展的战略决策

第一节 基础建设战略决策

我国要推动数字经济发展，首先要解决的问题是如何从国家和政府层面采取积极的战略行动保障数字经济加快发展[①]。

一、加快企业和市场的数字化基础建设

因为信息化是数字经济发展的基础，大数据是数字经济发展的新平台、新手段和新途径，所以深入推进国家信息化战略和国家大数据战略，是加快数字经济时代企业和市场数字化基础建设的前提，是从国家和政府层面解决数字经济发展“最先一公里”的问题。

(一) 深入推进国家信息化战略

当今世界，信息技术创新日新月异，以数字化、网络化、智能化为特征的信息化浪潮蓬勃兴起。全球信息化进入全面渗透、跨界融合、加速创新、引领发展的新阶段。在信息化上占据制高点，便能掌握先机、赢得优势、赢得安全、赢得未来。

1. 信息化与数字经济的关系

早在20世纪90年代，数字经济的提法就已经出现。被称为

---

① 刁柏青，孟祥君，刘建. 企业数字化运营研究与实践 [M]. 北京：中国电力出版社，2019.

"数字经济之父"的美国经济学家唐·塔普斯科特在20世纪90年代中期出版了一本名为《数字经济》的著作，自此数字经济的概念进入理论界和学术界的研究视野。随后曼纽尔·卡斯特的《信息时代：经济、社会与文化》、尼葛洛庞帝的《数字化生存》等著作相继出版，数字经济提法在全世界流行开来。此后，西方许多国家开始关注和推进数字经济发展，特别是美国以发展数字经济为口号大力推动信息产业发展，并在上个世纪末缔造了新经济神话。

2004年以后，云计算、物联网等信息技术的出现，又将数字经济推向了新高峰。2008年国际金融危机波及全球经济，并重创传统金融行业。但国外苹果、脸谱、谷歌、微软、亚马逊等数字公司基本上毫发无损，国内阿里巴巴、百度、腾讯等数字企业所受影响也不大。大数据、人工智能、虚拟现实、区块链等技术的兴起为人们带来了希望，世界各国不约而同地将这些新的信息技术作为未来发展的战略重点。数字经济引领创新发展，为经济增长注入新动力已经成为普遍共识。

从数字经济的发展历程来看，数字经济可以泛指以网络信息技术为重要内容的经济活动。因此，从某种意义上讲，数字经济也可以通俗地理解为网络经济或信息经济。

现代信息技术日益广泛的应用，推动了数字经济浪潮汹涌而至，成为带动传统经济转型升级的重要途径和驱动力量。根据数字经济的内涵和定义分析，信息化为数字经济发展提供必需的生产要素、平台载体和技术手段等重要条件。换言之，信息化是数字经济发展的基础。具体表现为信息化对企业具有极大的战略意义和价值，能使企业在竞争中胜出，同时企业信息化的积极性最高，因此在信息化中企业占据主导地位。如近几年出现的云计算、人工智能、虚拟现实等信息化建设，均以企业为主体。数字经济的特点之一就是使信息成为普遍的商品，主要任务是跨过从信息资源到信息应用的鸿沟。信息化是个人成长、需求发布和沟通的重要通道，是社会公平和教育普惠的基础，使个人拥有了极大空间。这是因为按需生产是数字经济的一个重要特征，而要做到按照需求合理地供给，必须靠信息。信息化是提升政府工作效率的有效手段，是连接社会的纽带。政府是信息化的使用者，同时由于信息化的复杂性，政府需要对信息化加强引导和监管。

2. 加快推进国家信息化战略

2017 年，十二届全国人大五次会议首次将“数字经济”写入政府工作报告，并强调促进数字经济加快成长，让企业广泛受益、群众普遍受惠。衡量数字经济发展水平的主要标志是人均信息消费水平。我国尚处于信息社会的初级阶段，年人均信息消费(包括信息技术消费和通信技术消费) 只有 300 美元左右，不到美国的 1/10。在未来一段时期内，我国要想加快数字经济发展，培育经济新增长点，就必须加快推进国家信息化战略，要按照《国家信息化发展战略纲要》要求，围绕“五位一体”总体布局和“四个全面”战略布局，牢固树立创新、协调、绿色、开放、共享的新发展理念，贯彻以人民为中心的发展思想，以信息化驱动现代化为主线，以建设网络强国为目标，着力增强国家信息化发展能力，着力提高信息化应用水平，着力优化信息化发展环境，让信息化造福社会、造福人民，为实现中华民族伟大复兴的中国梦奠定坚实基础。按照《国家信息化发展战略纲要》要求，制定好国家信息化战略的时间表和路线图。

3. 先行先试：加快国家信息经济示范区建设

2016 年 11 月中共中央网络安全和信息化委员会办公室、国家发展和改革委员会共同批复同意浙江省设立国家信息经济示范区。浙江省国家信息经济示范区建设着力加强深化供给侧结构性改革，落实G20杭州峰会数字经济发展与合作倡议成果，着力探索适合信息经济创新发展的新体制、新机制和新模式，以信息化培育新动能，用新动能推动新发展。着力打造各具特色的试点城市；以世界互联网大会永久会址为载体，创建乌镇互联网创新发展试验区，努力推动浙江在"互联网+"、大数据产业发展、新型智慧城市、跨境电子商务、分享经济、基础设施智能化转型、信息化与工业化深度融合、促进新型企业家成长等方面走在全国前列，创造可复制、可推广的经验。浙江主要在三个方面开展示范：一是打造经济发展新引擎，在制造业与互联网的深度融合、社会发展的深度应用、政府服务与管理的深度应用上开展示范；二是培育创新驱动发展新动能，突破信息经济核心关键技术，推进科技成果转化与应用，大力实施开放式创新；三是推进体制机制创新，重点在信息基础设施共建共享、互联网的区域开放应用和管控体系、公共数据资源开放共享、推动"互联网+"新业态发展、政府管理与服务等方面进行探索创新，以此持续释放信息经济发展红利。

（二）加快推进国家大数据战略

云计算、大数据、移动互联网、物联网和人工智能的出现，推动了第二次信息革命——数据革命，此时期，大数据的迅速发展起到了更为关键的作用。

信息技术与经济社会的交会融合引发了数据迅猛增长，数据已成为国家基础性战略资源，大数据正日益对全球生产、流通、分配、消费活动以及经济运行机制、社会生活方式和国家治理能力产生重要影响。尽管我国在大数据发展和应用方面已具备一定基础，拥有市场优势和发展潜力，但也存在政府数据开放共享不足、产业基础薄弱、缺乏顶层设计和统筹规划、法律法规建设滞后、创新应用领域不广等亟待解决的问题[①]。

1. 大数据发展形势及重要意义

目前，我国互联网、移动互联网用户规模居全球第一，拥有丰富的数据资源和应用市场优势，大数据部分关键技术研发取得突破，涌现出一批互联网创新企业和创新应用，一些地方政府已启动大数据相关工作。坚持创新驱动发展，加快大数据部署，深化大数据应用，已成为稳增长、促改革、调结构、惠民生和推动政府治理能力现代化的内在需要和必然选择。

（1）大数据成为推动经济转型发展的新动力。以数据流引领技术流、物质流、资金流、人才流，将深刻影响社会分工协作的组织模式，促进生产组织方式的集约和创新。大数据推动社会生产要素的网络化共享、集约化整合、协作化开发和高效化利用，改变了传统的生产方式和经济运行机制。大数据持续激发商业模式创新，不断催生新业态，已成为互联网等新兴领域促进业务创新增值、提升企业核心价值的重要驱动力。大数据产业正在成为新的经济增长点，将对未来信息产业格局产生重要影响。

（2）大数据成为重塑国家竞争优势的新机遇。在全球信息化快速发展的大背景下，大数据已成为国家重要的基础性战略资源，正引领新一轮科技创新。充分利用我国的数据规模优势，实现数据规模、质量和应用水平同步提升，发掘和释放数据资源的潜在价值，有利于更好地发挥数据资源的战略作用，增强网络空

① 闪菲雅．"互联网 +" 对制造业转型升级的影响研究 [D]. 郑州：河南财经政法大学，2020.

间数据主权保护能力，维护国家安全，有效提升国家竞争力。

(3) 大数据成为提升政府治理能力的新途径。大数据应用能够揭示传统技术方式难以展现的关联关系，推动政府数据开放共享，促进社会事业数据融合和资源整合，将极大地提升政府整体数据分析能力，为有效处理复杂社会问题提供新的手段。建立“用数据说话、用数据决策、用数据管理、用数据创新”的管理机制，实现基于数据的科学决策，将推动政府管理理念和社会治理模式进步，加快建设与社会主义市场经济体制和中国特色社会主义发展相适应的法治政府、创新政府、廉洁政府和服务型政府，逐步实现政府治理能力现代化。

2. 大数据与信息化、数字经济关系

信息技术与经济社会的交会融合引发了数据迅猛增长，大数据应运而生。同时，大数据的迅速发展又掀起了新的信息化浪潮，为信息产业和数字经济发展提供了新机遇、新挑战。

(1) 大数据与信息化。与以往数据比较，大数据更多表现为容量大、类型多、存取速度快、应用价值高等特征，是数据集合。海量数据的采集、存储、分析和运用必须以信息化为基础，充分利用现代信息通信技术才能实现。大数据与信息化的关系表现在以下几个方面：

一是大数据推动了信息化新发展。大数据作为新的产业，不但具备了第一产业的资源性，还具备了第二产业的加工性和第三产业的服务性，因此它是一个新兴的战略性产业，其开发利用的潜在价值巨大。实际上，我们对大数据开发利用的过程，就是推进信息化发展的过程。因为大数据加速了信息化与传统产业、行业的融合发展，掀起了新的信息化浪潮和信息技术革命，推动了传统产业、行业转型升级发展。因此，从这个层面讲，大数据推动信息化与传统产业、行业的融合发展的过程，也就是“互联网+”深入发展的过程。“互联网+”是一种新型经济形态，利用膨胀增长的信息资源推动互联网与传统行业相融合，促进各行业的全面发展。“互联网+”的核心不在于“互联网”而在于“+”，关键是融合，即传统行业与互联网之间建立起有效的连接，打破信息的不对称，结合各自的优势，迸发出新的业态和创新点，从而实现真正的融合发展。而大数据在“互联网+”的发展中扮演着重要的角色，大数据服务、大数据营销、大数据金融等，都将共同推进“互联网+”的进程，促进互联网与各行各业的融合发展。未来的“互联网+”模式是去中心化，最大限度连接各个传统行业中最具实力的合作伙伴，使之相互融合，只有这样，整个生态圈的力量才是最强大的。

二是大数据是信息化的表现形式，或者是信息化的实现途径和媒介。在数字经济时代，信息技术同样是经济发展的核心要素，只是信息更多由数据体现，并且这种数据容量越来越大、类型越来越复杂、变化速度越来越快。所以，需要对数据进行采集、存储、加工、分析，形成数据集合——大数据。因此，大数据既是信息化新的表现形式，又是新的信息化实现的途径和媒介。

(2) 大数据与数字经济。大数据与数字经济都以信息化为基础，并且均与互联网相互联系，所以要准确理解大数据与数字经济的关系，必须以互联网（更准确讲是“互联网+”）为联系纽带进行分析。腾讯董事会主席兼首席执行官马化腾领衔撰写的新书《数字经济：中国创新增长新动能》中指出，互联网是新兴技术和先进生产力的代表，“互联网+”强调的是连接，是互联网对其他行业提升激活、创新赋能的价值迸发；而数字经济呈现的则是全面连接之后的产出和效益。即“互联网 +”是手段，数字经济是结果。数字经济概念与“互联网 +”战略的主题思想一脉相承。数字经济发展的过程是“互联网 +”行动落地的过程，是新旧经济发展动能转换的过程，也是传统行业企业将云计算、大数据、人工智能等新技术应用到产品和服务上，融合创新、包容发展的过程。由此看来，大数据是传统行业与互联网融合的一种有效的手段；同时大数据也是数字经济结果实现的新平台、新手段和新途径，推进了“互联网 +”行动落地的过程，推进了新旧经济发展动能转换的过程。数字经济时代，经济发展必然以数据为核心要素。大数据加快了互联网与传统产业深度融合，加快了传统产业数字化、智能化，为做大做强数字经济提供了必要条件和手段。

3. 加快推进国家大数据战略

国务院于 2015 年 9 月 5 日发布了《促进大数据发展行动纲要》(以下简称《纲要》)。《纲要》提出用 5 ~ 10 年时间，实现打造精准治理、多方协作的社会治理新模式，建立运行平稳、安全高效的经济运行新机制，构建以人为本、惠及全民的民生服务新体系，开启大众创业、万众创新的创新驱动新格局，培育高端智能、新兴繁荣的产业发展新生态等五大发展目标。《纲要》提出要重点完成加快政府数据开放共享，推动资源整合，提升治理能力；推动产业创新发展，培育新兴业态，助力经济转型；强化安全保障，提高管理水平，促进健康发展三个方面的任务要求。《纲要》就上述目标任务提出了加快建设政府数据资源共享开放工程、国家大数据资源统筹发展工程、政府治理大数据工程、公共服务大数据工程、工业和新兴产业大数据工程、现代农业大数据工程、万众创新大数据工程、大数据关键技术及产品研发与产业化工程、大数据产业支撑能力提升工程和网络和大数据安全保障工程等十大系统工程。

此外，还需要从法规制度、市场机制、标准规范、财政金融、人才培养和国际合作等方面，为大数据推动数字经济发展提供政策保障。

4. 加快国家大数据综合试验区建设

为贯彻落实国务院《促进大数据发展行动纲要》，2015 年 9 月，贵州启动全国首个大数据综合试验区建设工作。2016 年 2 月，国家发改委、工信部、中央网信办三部门批复同意贵州省建设全国首个国家级大数据综合试验区。2016 年 10 月 8 日，国家发改委、工业和信息化部、中央网信办发函批复，同意在京津冀等七个区域推进国家大数据综合试验区建设，这是继贵州之后第二批获批建设的国家级大数据综合试验区。此次批复的国家大数据综合试验区包括两个跨区域类综合试验区（京津冀、珠江三角洲），四个区域示范类综合试验区（上海市、河南省、重庆市、沈阳市），一个大数据基础设施统筹发展类综合试验区（内蒙古）。其中，跨区域类综合试验区定位是，围绕落实国家区域发展战略，更加注重数据要素流通，以数据流引领技术流、物质流、资金流、人才流，支撑跨区域公共服务、社会治理、和产业转移，促进区域一体化发展；区域示范类综合试验区定位是，积极引领东部、中部、西部、东北等“四大板块”发展，更加注重数据资源统筹，加强大数据产业集聚，发挥辐射带动作用，促进区域协同发展，实现经济提质增效；基础设施统筹发展类综合试验区定位是，在充分发挥区域能源、气候、地质等条件基础上，加大资源整合力度，强化绿色集约发展，加强与东、中部产业、人才、应用优势地区合作，实现跨越发展。第二批国家大数据综合试验区的建设，是贯彻落实国务院《促进大数据发展行动纲要》的重要举措，将在大数据制度创新、公共数据开放共享、大数据创新应用、大数据产业聚集、大数据要素流通、数据中心整合利用、大数据国际交流合作等方面进行试验探索，推动我国大数据创新发展。

二、进一步优化数字经济发展的市场环境

国家信息化战略和大数据战略的深入实施，大大提高了企业和市场的数字化基础建设的水平，分别为数字经济发展提供了重要基础和新平台。另外，数字经济的发展还需要具备良好的市场环境①。

（一）加强企业数字化建设

中国互联网络信息中心（CNNIC）发布的第45次《中国互联网络发展状况统计报告》显示，截至2020年3月，我国网民规模为9.04亿，互联网普及率达64.5%，庞大的网民构成了我国蓬勃发展的消费市场，也为数字经济发展打下了坚实的用户基础。

该报告主要呈现出三个特点：第一，基础设施建设持续完善，"新基建"助力产业结构升级。2019年，我国已建成全球最大规模光纤和移动通信网络，行政村通光纤和4G比例均超过98%，固定互联网宽带用户接入超过4.5亿户。同时，围绕高技术产业、科研创新、智慧城市等相关的新型基础设施建设不断加快，进一步加速新技术的产业应用，并催生新的产业形态，扩大新供给，推动形成新的经济模式，将有力推动区域经济发展质量

① 曾光伟 . 基于成熟度模型的传统零售企业数字化转型研究 [D]. 长沙：湖南大学，2019.

提升和产业结构优化升级。第二，数字经济蓬勃发展，成为经济发展的新增长点。网络购物持续助力消费市场蓬勃发展。截至2020年3月，我国网络购物用户规模达7.10亿，2019年交易规模达10.63万亿元，同比增长16.5%。数字贸易不断开辟外贸发展的新空间。2019年，通过海关跨境电子商务管理平台零售进出口商品总额达1862.1亿元，增长了38.3%。数字企业加速赋能产业发展，通过商业模式创新、加快数字技术应用不断提升供应链数字化水平，为产业转型升级提供了重要支撑。第三，互联网应用提升群众获得感，网络扶贫助力脱贫攻坚。互联网应用与群众生活结合日趋紧密，微信、短视频、直播等应用降低了互联网使用门槛，不断丰富群众的文化娱乐生活；在线政务应用以民为本，着力解决群众日常办事的堵点、痛点和难点；网络购物、网络公益等互联网服务在实现农民增收、带动广大网民参与脱贫攻坚行动中发挥了日趋重要的作用。

我国企业数字化建设仍然处于基础设施建设阶段，深层次应用与创新有待进一步提高。在占我国工商企业总数99%的中小企业中，虽然有高达80%的中小企业具有接入互联网的能力，但用于业务应用的只占44.2%，相当多的企业仅仅是建立了门户网站，真正实现数字化服务、生产与管理全方位协同发展的企业少之又少。

当前，数字经济已成为经济增长的新动能，新业态、新模式层出不穷。在此次疫情中，数字经济在保障消费和就业、推动复工复产等方面发挥了重要作用，展现出了强大的增长潜力。

因此，加强企业数字化建设，是企业发展数字经济、抢占新经济“蓝海”当务之急。鼓励企业加大数字化建设投入，积极开展数字经济立法，不断优化市场环境和规范市场竞争，是加快我国企业和市场数字化创新步伐的必然要求。

(二) 优化互联网市场环境

目前，市场数字化呈现快速发展趋势，但市场环境仍然不成熟。根据互联网实验室2011年发布的《中国互联网行业垄断状况调查及对策研究报告》，我国互联网行业已经由自由竞争步入寡头竞争时代。但是，由于互联网市场监管法规不完善，处于支配地位的寡头经营者很容易利用技术壁垒和用户规模形成垄断，从而损害消费者的权益和抑制互联网行业技术创新，并由此导致网络不正当竞争行为层出不穷。2010年以来，互联网领域相继爆发“3Q大战”、蒙牛与伊利“诽谤门”等网络恶性竞争事件，对网络产业的生态环境产生了巨大负面影响。由于网络环境的虚拟性、开放性，网络恶性竞争行为更加隐蔽、成本更低、危害更大，不仅会损害个别企业的利益，还会影响到公平、诚信的竞争秩序，对数字化市场的发展环境构成严重威胁。

因此，优化互联网市场环境势在必行。

综上所述，我国数字经济已经扬帆起航，正在引领经济增长从低起点高速追赶走向高水平稳健超越、供给结构从中低端增量扩能走向中高端供给优化、动力引擎从密集的要素投入走向持续的创新驱动、技术产业从模仿式跟跑、并跑走向自主型并跑、领跑全面转型，为最终实现经济发展方式的根本性转变提供了强大的引擎。

第二节　融合发展战略决策

当前，数字经济正在引领传统产业转型升级，正在改变全球产业结构，正在改变企业生产方式。那么，数字经济时代政府如何调整产业结构，提高信息化程度，紧紧跟随数字经济发展潮流和趋势，成为必须面对的新时代课题。

一、大数据驱动产业创新发展

新形势下发展数字经济需要推动大数据与云计算、物联网、移动互联网等新一代信息技术融合发展，探索大数据与传统产业协同发展的新业态、新模式，促进传统产业转型升级和新兴产业发展，培育新的经济增长点。

（一）驱动工业转型升级

大力推动大数据在工业研发设计、生产制造、经营管理、市场营销、售后服务等产品全生命周期、产业链全流程各环节的应用，分析感知用户需求，提升产品附加价值，打造智能工厂。建立面向不同行业、不同环节的工业大数据资源聚合和分析应用平台。抓住互联网跨界融合机遇，促进大数据、物联网、云计算和三维（3D）打印技术、个性化定制等在制造业全产业链集成运用，推动制造模式变革和工业转型升级[①]。

---

① 姚乐，李红，王甲佳．互联网＋时代的数字化转型 [M]. 北京：电子工业出版社，2017.

(二) 催生新兴产业

大力培育互联网金融、数据服务、数据探矿、数据化学、数据材料、数据制药等新业态，提升相关产业大数据资源的采集获取和分析利用能力，充分发掘数据资源支撑创新的潜力，带动技术研发体系创新、管理方式变革、商业模式创新和产业价值链体系重构，推动跨领域、跨行业的数据融合和协同创新，促进战略性新兴产业发展、服务业创新发展和信息消费扩大，探索形成协同发展的新业态、新模式，培育新的经济增长点。

(三) 驱动农业农村发展

构建面向农业农村的综合信息服务体系，为农民生产生活提供综合、高效、便捷的信息服务，缩小城乡数字鸿沟，促进城乡发展一体化。加强农业农村经济大数据建设，完善村、县相关数据采集、传输、共享基础设施，建立农业、农村数据采集、运算、应用、服务体系，强化农村生态环境治理，增强乡村社会治理能力。统筹国内、国际农业数据资源，强化农业资源要素数据的集聚利用，提升预测预警能力。整合构建国家涉农大数据中心，推进各地区、各行业、各领域涉农数据资源的共享开放，加强数据资源发掘运用。加快农业大数据关键技术研发，加大示范力度，提升生产智能化、经营网络化、管理高效化、服务便捷化能力和水平。

(四) 推进基础研究和核心技术攻关

围绕数据科学理论体系、大数据计算系统与分析理论、大数据驱动的颠覆性应用模型探索等重大基础研究进行前瞻布局，开展数据科学研究，引导和鼓励在大数据理论、方法及关键应用技术等方面展开探索。采取政、产、学、研、用相结合的协同创新模式和基于开源社区的开放创新模式，加强海量数据存储、数据清洗、数据分析发掘、数据可视化、信息安全与隐私保护等领域关键技术攻关，形成安全可靠的大数据技术体系。支持自然语言理解、机器学习、深度学习等人工智能技术创新，提升数据分析处理能力、知识发现能力和辅助决策能力。

（五）形成大数据产品体系和产业链

围绕数据采集、整理、分析、发掘、展现、应用等环节，支持大型通用海量数据存储与管理软件、大数据分析发掘软件、数据可视化软件等软件产品和海量数据存储设备、大数据一体机等硬件产品发展，带动芯片、操作系统等信息技术核心基础产品发展，打造较为健全的大数据产品体系。大力发展与重点行业领域业务流程及数据应用需求深度融合的大数据解决方案。

支持企业开展基于大数据的第三方数据分析发掘服务、技术外包服务和知识流程外包服务。鼓励企业根据数据资源基础和业务特色，积极发展互联网金融和移动金融等新业态。推动大数据与移动互联网、物联网、云计算的深度融合，深化大数据在各行业的创新应用，积极探索创新协作共赢的应用模式和商业模式。加强大数据应用创新能力建设，建立政产学研用联动、大中小企业协调发展的大数据产业体系。建立和完善大数据产业公共服务支撑体系，组建大数据开源社区和产业联盟，促进协同创新，加快计量、标准化、检验检测和认证认可等大数据产业质量技术基础建设，加速大数据应用普及。

二、“互联网 +”推动产业融合发展

(一) 推进企业互联网化

数字经济引领传统产业转型升级的步伐开始加快。以制造业为例，工业机器人、3D 打印机等新装备、新技术在以长三角、珠三角等为主的制造业核心区域的应用明显加快。

1. “互联网 +”树立企业管理新理念

企业互联网思维包含极致用户体验（User Experience）、免费商业模式（Free mium）和精细化运营（Operation）三大要素，三大要素相互作用，形成一个完整的体系（或称互联网 UFO 模型）。互联网思维是在互联网时代的大背景下，传统行业拥抱互联网的重要思考方式和企业管理新理念[①]。

互联网时代对企业生产、运营、管理和营销等诸多方面提出了新要求，企业必须转变传统思维模式，树立互联网思维模式。运用大数据等现代信息技术实现企业的精细化运营；坚持以用户心理需求为出发点，转变经营理念，秉承极少主义、快速迭代和微创新原则，实现产品的极致用户体验，如腾讯公司、360 公司在用户开发方面的成功案例，即是最好例证。

2. 推进企业互联网化的行动保障

政府通过加大中央预算内资金投入力度，引导更多社会资本进入，分步骤组织实施“互联网 +”重大工程，重点促进以移动互联网、云计算、大数据、物联网为代表的新一代信息技术与制造、能源、服务、农业等领域的融合创新，发展壮大新兴业态，

---

① 王佳淏．“互联网 +”背景下城乡商贸流通一体化研究 [D]. 石家庄：河北经贸大学，2020.

打造新的产业增长点。统筹利用现有财政专项资金，支持“互联网+”相关平台建设和应用示范；开展股权众筹等互联网金融创新试点，支持小微企业发展；降低创新型、成长型互联网企业的上市准入门槛，结合证券法修订和股票发行注册制改革，支持处于特定成长阶段、发展前景好但尚未盈利的互联网企业在创业板上市。鼓励开展“互联网+”试点示范，推进“互联网+”区域化、链条化发展。支持全面创新改革试验区、中关村等国家自主创新示范区、国家现代农业示范区先行先试，积极开展“互联网+”创新政策试点，破除新兴产业行业准入、数据开放、市场监管等方面政策障碍，研究适应新兴业态特点的税收、保险政策，打造“互联网+”生态体系。

(二) 推进产业互联网化

推进产业互联网化，就是推动互联网向传统行业渗透，加强互联网企业与传统行业跨界融合发展，提高传统产业的数字化、智能化水平，由此做大做强数字经济，拓展经济发展新空间。数字经济特有的资源性、加工性和服务性，为产业互联网化提供更为广阔的空间。总体来说，产业互联网化就是推进互联网与第一产业、第二产业和第三产业的深度融合、跨界发展。产业互联网化的过程即是传统产业转型发展、创新发展和升级发展的过程。

目前，应该以坚持供给侧结构改革为主线，重点推进农业互联网化，这是实现农业现代化的重要途径；重点推进制造业互联网化，是实现制造业数字化、智能化的重要途径；重点推进服务产业的互联网化，是推进第三产业数字化发展的重要手段。大数据的迅猛发展，加快了产业“互联网+”行动进程。未来一段时间内，大数据将驱动金融、教育、医疗、交通和旅游等行业快速发展。

三、加快信息技术产业和数字内容产业发展

在数字经济时代，发达国家经济增长的决定性因素由要素投入的“规模效应”转变为知识“溢出效应”，以信息数字技术为核心的知识密集型产业正在成为新的经济增长点。我国也应该顺应知识密集型产业发展的历史潮流，加快新一代信息技术创新，积极发展数字内容产业，通过产业融合和链条经济推动产业结构升级调整。

（一）加强新一代信息技术产业发展

当前，以云计算、物联网、下一代互联网为代表的新一代信息技术创新方兴未艾，广泛渗透到经济社会的各个领域，成为促进创新、经济增长和社会变革的主要驱动力。2010年10月，国务院《关于加快培育和发展战略性新兴产业的决定》，提出要加快发展新一代信息技术产业，加快建设宽带、泛在、融合、安全的信息网络基础设施，推动新一代移动通信、下一代互联网核心设备和智能终端的研发及产业化；加快推进“三网”融合，促进物联网、云计算的研发和示范应用，这将使数字经济在我国迎来前所未遇的发展机遇。然而，由于我国是在工业化的历史任务远没有完成的背景之下发展数字经济的，因此必须积极通过新一代信息技术创新，发挥新一代信息技术带动力强、渗透力广、影响力大的特点，充分利用后发优势推动工业、服务业结构升级，走信息化与工业化深度融合的新型工业化道路。在实践方面，中国移动、中国联通、中国电信三大电信运营商和华为、中兴等电信设备提供商在积极探索、推动以3G、无线上网、宽带接入为核

心的信息通信技术的发展，并取得了一定的成果，我国的信息通信产业正在日益成熟。

（二）重视数字内容产业的发展

数字经济已经从“硬件为王”“软件为王”进入“内容为王”的时代，数字内容产业正逐渐成为增长最快的产业。然而，同数字经济发达国家比较，我国数字内容产业在产业链条、产业规划和法律环境等方面还存在一定的差距。首先，发达国家数字内容产业通常以内容产品为核心，通过产业前向和后向关联机制衍生出产业链条；国内数字内容产业则“有产无链”，没有充分发挥数字内容产业所蕴含的链条经济效应。其次，当前数字内容产业在各省份、地区蜂拥而上，缺乏国家层面的规划布局，造成重复建设、同质竞争和资源浪费，不利于产业未来做大做强。最后，国内知识产权保护意识薄弱，各种侵权行为层出不穷，严重侵害了数字内容产品开发者的利益，大大抑制了数字内容产业的创新步伐。因此，我国必须统筹制订数字内容产业发展规划，加大知识产权保护力度，以链条经济充分带动数字内容产业的发展。

总之，数字经济在我国已经扬帆起航，正在打破传统的产业发展格局。为此，政府需要从数字经济发展的平台建设、“互联网 +”行动计划，重视数字内容产业发展等方面采取措施，推进新形势下我国产业结构调整，提高信息化程度，积极应对数字经济发展。

第三节　共享参与战略决策

数字改变生活，数字经济发展也正在改变我们的明天。数字经济时代，社会和公众如何共同参与数字经济发展，使经济社会发展的成果惠及全社会和广大民众，这才是国家加快数字经济发展的出发点和最终落脚点。

一、弥合数字鸿沟，平衡数字资源

目前，我国数字经济发展的最显著优势是网民众多，这有利于我国成功从人口红利向网民红利转变。但是，以互联网为代表的数字革命普及和应用的不平衡的现实仍客观存在。

(一) 数字鸿沟的主要表现

从横向观察，数字鸿沟的具体表现形态是多样的，既有微观主体视角下个人、企业层面的数字鸿沟，又有宏观视角下地区、国家层面的数字鸿沟。

从个体层面观察，数字化浪潮中，年轻人可以快速学会并习和使用移动支付、预约出行、网络订餐等数字技术应用，成为数字时代的弄潮儿，而很多老年人则因为传统观念影响、学习能力偏弱等原因，成为数字弱势群体。同时，个体层面的数字鸿沟还表现在性别差异上，国际电信联盟数据显示，2016 年全球女性网民数量比男性少 2 亿以上，而且这个差距还在持续扩大。

从企业层面观察，一方面，不同行业的企业之间存在数字鸿沟。国际数据公司（IDC）发布的《2018 中国企业数字化发展报告》显示，我国零售、文娱、金融等接近消费端的企业，很多已经接近或完成了数字化转型，而制造业、资源性行业的数字化程度则相对较低。另一方面，即使是在同一个行业内部，企业数字化的程度也有巨大的差异。报告中显示，虽然制造业中有不少数字化转型成功的领军型企业，但依然有超过 50% 的企业数字化尚处于单点试验和局部推广阶段。

从地区层面观察，我国地区之间的数字鸿沟突出地表现在城市和乡村之间，以及东中西部地区之间。第 45 次《中国互联网络发展状况统计报告》显示，我国 9.04 亿网民中，城镇网民占比高达 71.80%，而农村网民则仅占 28.20%。从东、中、西部地区来看，《中国宽带速率状况报告》(第 25 期) 显示，2019 年东部地区 4G 移动宽带用户的平均下载速率最高达到 24.60Mbit/s，而中部地区和西部地区则分别较东部低 0.93Mbit/s 和 1.58Mbit/s，表现出了比较明显的差距，即鸿沟。

从国家层面观察，数字鸿沟表现为国家与国家之间数字技术应用水平的差异。其中，最突出的是发达国家与发展中国家之间的数字鸿沟。国际电信联盟数据显示，2017 年，发达国家互联网普及率达到 81%，而发展中国家仅为 41%。当然，有差距就有鸿沟，即使是在发展中国家之间，也存在数字鸿沟问题。2017 年，仍有 31 个发展中国家互联网普及率不及 20%。我国是最大的发展中国家，近年来数字经济发展迅猛，2017 年互联网普及率已经达到 55%，网民人数更是在 2020 年突破了 9 亿大关。

(二) 数字鸿沟产生的影响

数字鸿沟问题之所以会引起国际社会和我国政府的广泛关注，主要是因为数字鸿沟的存在和持续扩大，会使得基于数字经济的利益分配趋向不均等化，进而产生强者愈强、弱者愈弱的马太效应。从社会资本的角度看，使用数字技术的各类主体，能够快速数字化其原有的关系网络和拓展新的关系网络，并将这些数字化的社会资本转化为新的经济社会资源。而无法使用数字技术的群体，则会因为其只能依赖原有的社会资本而被远远甩在后面。

1. 数字鸿沟使得个体机会的不均等加剧

数字化程度高的地区，学校学生可以通过互联网获取名师课程、在线习题等海量的教育资源，而对于欠发达地区的学生而言，传统的课堂学习仍是获取知识的主要渠道，这势必会进一步拉大本就已经存在的教育机会不均等。受新冠肺炎疫情影响，我国大部分地区的学校都把教学活动从线下转为线上，从而保证了教学的持续进行，但有部分偏远地区的学生一度处于“脱网”“半脱网”状态，无法开展正常的学习活动，这就是城乡数字鸿沟的具体体现。此外，工作机会的不均等也因数字鸿沟变得越发凸显。以性别层面的工作差异为例，数字技术的进步正逐渐将女性从数字空间中排挤出去，据国际管理咨询机构埃森哲发布的统计数据，美国计算机行业女性劳动者的占比，已经从1995年的37%降至2016年的24%。

2. 数字鸿沟使得企业竞争的不平等加剧

企业通过数字化转型，可以在市场竞争中占据优势地位，如通过建设智能工厂提升其内部的生产效率，使用电子商务增强其开拓国内外市场的能力等。传统企业由于仍是依托传统的资源禀赋，如劳动力成本优势、自然资源优势等，导致其在数字经济时代的全球竞争中处于弱势地位。此次新冠肺炎疫情在全球的蔓延，促使数字化的生产经营方式展现出巨大的潜力和发展前景。据海关统计数据显示，2020年上半年，虽然总体经济的下行压力加大，传统货物贸易进出口总额同比下降了3.2%，但同期跨境电商进出口表现优秀，增长了26.2%，实现了逆势上涨。

3. 数字鸿沟使得地区发展不协调加剧

从发展机会看，农村地区、中西部一些地区由于数字基础设施不完善、专业技术人员缺乏等，难以发展人工智能、大数据、云计算等相关产业，错失了数字经济发展的重要机遇。相比于浙江、广东、福建等东部地区抢抓机遇，布局数字经济，中西部地区在数字经济大潮面前显得相对沉寂。从发展结果看，城市相比农村、东部地区相比中西部地区，数字产业化、产业数字化的程度都更高，数字化治理更完善，数据价值化挖掘也更充分。此次疫情防控过程中，健康码便是首先在杭州上线，并在推动复工复产的过程中发挥了关键作用。由此，数字经济红利分配格局呈现出城市多、农村少，东部多、中西部少的局面，这势必会进一步加重拉大本已存在的地区发展不平衡、不协调问题。

4. 数字鸿沟使得全球发展不平衡加剧

数字技术传播的过程，同样也是全球财富积累的过程，比如，微软、谷歌等互联网巨头企业的快速成长，成为美国等发达国家经济增长的重要动力源。而发展中国家则受限于自身经济发展水平和数字技术水平，一方面，很难成为数字消费国，无法享受数字技术带来的生产生活便利；另一方面，即使成了数字消费国，也很难实现从数字消费国到数字生产国的转变。这使得发展中国家在全球数字经济红利的分配中处于非常被动的地位。对此，联合国贸易与发展会议发布的研究报告《新冠肺炎疫情危机：强调弥合数字鸿沟的必要性》中强调，数字经济发达国家的市场支配地位可能会因为疫情而进一步增强，这会进一步拉大富裕国家与贫穷国家之间的裂痕，使得全球不稳定因素增加。

（三）弥合数字鸿沟的主要途径

1. 以硬件设施升级为重点弥合“接入鸿沟”

第一，扩大数字基础设施覆盖范围。推动“数字丝绸之路”建设，持续加大落后国家和落后地区固定宽带网络和移动通信基站的建设投入，并给予充分的资金和技术援助，包括数字基础设施建设的贷款和利率优惠、数字技术专利的适度共享等。同时，创新互联网接入方法，加快全球低轨宽带互联网星座系统部署，为偏远地区提供稳定的互联网接入方式。第二，提高互联网接入质量和传输能力。鼓励宽带技术、5G通信技术的创新与应用，提高数据传输速率、减少延迟、节省能源、提高系统容量，为在线学习、视频会议、智能制造、远程医疗等领域提供关键的支撑。第三，降低宽带和移动流量套餐资费。有序开放电信市场，以市场化竞争倒逼电信企业提高运营效率，降低服务资费。鼓励电信企业面向贫困学生等用户群体提供定向流量优惠套餐，面向中小企业降低互联网专线资费。

2. 以软件服务优化为抓手弥合“使用鸿沟”

一是培育专业化的数字人才队伍。通过组织优秀人才留学访问、跨地区交流等方式，将专业人才作为数字技术传播的桥梁和纽带，吸收发达地区的先进数字技术应用经验，不断提升落后地区群众的数字技能。二是优化数字教育资源公共品供给。各国政府与国际组织应当打造全国性和全球性的数字教育资源公共服务平台，指导教师运用数字化教学设备，提升在线授课技巧；帮助学生熟悉各类数字教育软件，提升在线学习效率。三是助推传统企业数字化转型升级。政府和行业组织应当鼓励传统企业学习数字化领军企业的成功转型经验，为企业运用工业互联网平台、建设智能工厂、打造智慧供应链提供专业技术指导。

3. 数字素养培育为特色弥合“能力鸿沟”

明确角色定位，推动形成以政府机构为规划领导者，教育机构为具体执行者，社会力量为辅助者的多主体数字素养培育体系。在这个体系下，包括学生、工人在内的全体社会公民都是数字素养培育的对象。制定培育目标，构建集数字资源收集和鉴别能力、数字知识利用和交流能力、数字内容创造和输出能力、数字安全维护能力为一体的多元化培育框架。倡导有教无类，面向不同家庭背景、不同学历层次、不同工作岗位的群体，将数字素养培育融入家庭教育、学校教育、职业教育、社会教育中，打造全方位的数字素养培育模式。

二、大力倡导大众创业、万众创新

适应国家创新驱动发展战略，实施大数据创新行动计划，鼓励企业和公众发掘利用开放数据资源，激发创新、创业活力，促进创新链和产业链深度融合，推动大数据发展与科研创新有机结合，形成大数据驱动型的科研创新模式，打通科技创新和经济社会发展之间的通道，推动万众创新、开放创新和联动创新。

（一）扶持社会创新发展

数字经济是未来经济发展的新蓝海，蕴藏巨大的商机和展现更为广阔的市场。面对数字经济带来的新机遇、新挑战，政府应该帮助社会创新发展，因为只有创新才能使社会大众从数字经济的金矿里挖掘更多的“金子”[①]。

① 陈芳. 中国数字经济发展质量及其影响因素研究 [D]. 杭州：杭州电子科技大学，2019.

1. 鼓励和扶持大学生和职业院校毕业生创业

实施“大学生创业引领计划”，培育大学生创业先锋，支持大学生（毕业5年内）开展创业、创新活动。通过创业、创新座谈会、聘请专家讲座等形式鼓励和引导大学生创业、创新。积极扶持职业中专、普通中专学校毕业生到各领域创业，享受普通高校毕业生的同等待遇。免费为职业学校毕业生提供创业咨询、法律援助等服务。

2. 支持机关事业单位人员创业

对于机关事业单位工作人员经批准辞职创业的，辞职前的工作年限视为机关事业社保缴费年限，辞职创业后可按机关事业保险标准自行续交，退休后享受机关事业单位保险机关待遇。

3. 鼓励专业技术人员创业

鼓励专业技术人员创业，探索高校、科研院所等事业单位专业技术人员在职创业、离岗创业的有关政策。对于离岗创业的，经原单位同意，可在3年内保留人事关系，与原单位其他在岗人员同等享有参加职称评聘、岗位等级晋升和社会保险等方面的权利。鼓励利用财政性资金设立的科研机构、普通高校、职业院校，通过合作实施、转让、许可和投资等方式，向高校毕业生创设的小型企业优先转移科技成果。完善科技人员创业股权激励政策，放宽股权奖励、股权出售的企业设立年限和盈利水平限制。

4. 创造良好创业、创新政策环境

简化注册登记事项，工商部门实行零收费，同时实行创业补贴和税收减免政策。取消最低注册资本限制，实行注册资本认缴制；清理工商登记前置审批项目，推行“先照后证”登记制度；放宽住所登记条件，申请人提供合法的住所使用证明即可办理登记；加快“三证合一”登记制度改革步伐，推进实现注册登记便利化。

5. 实行优惠电商扶持政策

依托“互联网 +”、大数据等，推动各行业创新商业模式，建立和完善线上与线下、境内与境外、政府与市场开放合作等创业、创新机制。全面落实国家已明确的有关电子商务税收支持政策，鼓励个人网商向个体工商户或电商企业转型，对电子商务企业纳税有困难且符合减免条件的，报经地税部门批准，酌情减免地方水利建设基金、房产税、城镇土地使用税；支持电子商务及相关服务企业参与高新技术企业、软件生产企业和技术先进型服务企业认定，如符合条件并通过认定的，可享受高新技术企业等相关税收优惠政策。

(二) 规范和维护网络安全

随着移动互联网各种新生业务的快速发展，网民网络安全环境日趋复杂。为此，政府需要加强法律制度建设，提高网民网络安全意识，维护社会公共利益，保护公民、法人和其他组织的合法权益，促进经济社会信息化健康发展。

1. 网民安全感现状

目前，网络安全事件依然对大部分网民构成影响。根据第39次《中国互联网络发展状况统计报告》数据显示，三成以上网民对网络安全环境持信任态度，认为上网环境“非常安全”和“比较安全”的占比为38.8%；而认为上网环境“不太安全”和“很不安全”的用户占比也达到20.3%。

2. 网络安全事件类型

我国网民面临的主要网络安全事件包括网上诈骗、设备中病毒、木马、账号或密码被盗以及个人信息泄露等情况。各类网络安全事件发生情况如下：网上诈骗占39.1%，设备中病毒或木马占 36.2%，账号或密码被盗占 33.8%，个人信息泄露占 32.9%，另外其他情况为 29.5%。初步统计，数据使用管理不规范，个人信息安全保护不力，既损害了公众利益，影响社会安定，又打击了社会公众开放共享数据信息的信心，不利于大数据产业的长远发展，影响我国经济的转型升级。

3. 加强网络安全监管

随着移动互联网各种新生业务的快速发展，网民网络安全环境日趋复杂。为此，2016 年 11 月 7 日，十二届全国人大常委会第二十四次会议通过了《中华人民共和国网络安全法》，为保障网络安全，维护网络空间主权和国家安全、社会公共利益，保护公民、法人和其他组织的合法权益，促进经济社会信息化健康发展奠定了法律基础。

当前，大数据已从互联网领域延伸至电信、金融、地产、贸易等各行各业，与大数据市场相关联的新技术、新产品、新服务、新业态不断涌现，并不断融入社会公众生活。大数据在为社会发展带来新机遇的同时，也给社会安全管理带来新挑战。

针对以上问题，应结合我国实际，借鉴国际经验，尽快启动规范数据使用和保护个人信息安全方面的立法工作。规范数据使用管理，对非法盗取、非法出售、非法使用、过度披露数据信息的行为，开展专项打击，整顿市场秩序。将个人使用数据的失当行为纳入公民社会信用记录，有效净化数据使用环境。同时还要强化行业自律，将有关内容纳入各行业协会自律公约之中，建立互联网、电信、金融、医疗、旅游等行业从业人员保守客户信息安全承诺和违约同业惩戒制度。

（三）树立共享协作意识

移动互联网平台、大数据平台和手机 APP 等现代信息技术平台的推广运用，使社会、公众的联系愈加紧密。这也为数字经济时代社会协作发展提供了可能。

1. 积极发挥社会组织公益式孵化作用

社会组织本质上是自愿结社，具有平等共享和自发的特点。成员之间平等交流、同业互助的社会关系能够促进良性的创新思维。同时，自发成立的社会组织本身也是一种创业和创新，可以说，社会组织天然地具有创新、创业基因。为了提高创业、创新的成功概率，应该积极发挥社会组织对创业者的公益式孵化作用，弥补国家、政府、企业无法顾及的创业、创新领域。目前，在中关村就有多家社会组织为“大众创业、万众创新”提供全方位服务，比如“民营经济发展促进会”“民营经济发展研究院”“大学生创新创业联盟”“职业教育产业联盟”“中关村国大中小微企业成长促进会”“中关村创业投资和股权投资基金协会”等，通过开办“创新创业大讲堂”“创新创业服务超市”“创新创业孵化基地”等，为数以万计的创业青年、众创空间、创业技术企业提供了融资、专业技能、管理水平、政策法规、办理执照等服务。

2. 坚持共享协作发展

数字经济时代，创业创新发展不再是单兵作战、孤军奋战，而是社会全面共享协作发展。所以，创业创新发展要获得巨大成功必须充分利用移动互联网平台、手机 APP 等数字化服务，加强政府、企业、社会共享协作发展，构建“政府引导、企业主导发展、社会共享协同参与”的数字经济发展新格局。

总之，数字经济发展成果广泛惠及社会民众，这是数字经济发展的根本。所以，弥合数字鸿沟，平衡数字资源，是社会共享参与数字经济发展的基本前提；大力倡导大众创业、万众创新战略行动，是社会共享参与数字经济发展的具体实践；规范和加强网络安全，加紧网络安全法规制度建设，是社会共享参与数字经济发展的重要保证。

第四章　企业数字化发展

第一节　企业的数字化准备

目前，数字化是企业战略管理的前沿问题，也是最重要的问题，不仅涉及传统企业，还包括在网络化浪潮中涌现出的纯粹互联网公司。传统的企业如果以企业目前有利润可赚而视数字化改造为另路神仙，或视之为时髦的可有可无的装饰品，那它的领导者毫无疑问是犯了一个战略性的管理错误，绝不是一个小小的战术错误。网络未来的企业必然是 dot.com 的天下。而那些在 20 世纪 90 年代于 NASDAQ 或各国二板市场上市并成长起来的众多纯粹网络公司，虽然天然具有数字化的形式和某些本质特征表现，但它们的领导者或者 CIO 一类的管理者，如果头脑发热并且简单地认为一个数字化企业就是建立一个庞大的网站，让公司里的每个员工都触网，给每个销售人员都配备笔记本电脑，将研究与开发（R&D）及设备生产都转变为 CAD / CAM，让员工在自己家中或随意地点办公，通过网站销售商品或提供服务，那么这种思维方法是天方夜谭式的，企业会落伍于时代或其快速发展仅仅是昙花一现。

美国学者亚德里安・斯莱沃斯基等人认为，数字化企业是通过使用数字技术使企业的战略选择发生变化，并使选择范围大大拓宽的企业。数字化企业具有自己的战略特点，它们建立了一种企业模式，能够以新的方式创造和捕捉稍纵即逝的利润，建立新的、强大的客户和员工理念。最重要的是，数字化企业应当具有独特性，其独特性的一个含义是它必须处在一种熊彼特式的动态创新过程中，创新消失之日就有可能是失败之日。如纯网络公司亚马逊，电子商务公司易趣网，甚至包括虚实结合的德尔太阳能有限公司，其核心业务在数字化时代是极容易被模仿的。大多数企业的跟上战略就会使这些大名鼎鼎的公司的独特战略及企业理念趋于大众化，从而对厂商和消费者的注意力丧失吸引力，逃脱公司控制的 e 时空轨道。因此，应该不断打破规则，成为规则制定者，循环往复，以至无穷。

美国学者对数字化企业的定义是一种典型的西方式阐释。数字化企业是时代的产物，和传统企业的区别不仅仅在于新经济学派的某些学者所说的企业用不用计算机和网络处理业务，还在于既要看企业的生产力平台，更要看企业的生产关系，因为生产关系是一种新生产方式的核心。利用数字化技术改变传统的生产关系，目标是使个人得到自由而全面的发展，使企业全心全意地为公众服务。数字化企业生产制造的技术应该是柔性灵活的软硬技术的综合。在生产关系方面，组织管理形式应从不平等的等级制变为人人平等协作的扁平化组织；在对外提供服务上，应从生产者主权转向消费者主权，从大规模批量生产转向大规模 1∶1 定制生产与服务。数字化企业通过互联网与顾客 1∶1 的对话，将生产的社会化和人性的解放联系在一起。

第二节 数字化企业发展的趋势

一、宏观趋势

美国网络未来研究院主席查克·马丁认为，未来世界是由快捷、廉价的通信联系起来的世界。速度是其中的关键，处处通网络，几乎每个人、每个企业都深受影响。这种因技术变革而实现的联结将会重新定义我们的工作方式、生活方式和市场交易规则，将产生七种因数字化技术而带来的发展趋势及三种由此而引发的生产关系变革。它们构成了网络化的未来生产方式。七种发展趋势表现如下：

第一，网络经济成为主流经济。这有两层含义：一方面，在任何经济形式中，肯定有一种与现时生产力相适应的主流经济，另外一些或是由于传统的风俗、习惯或别的特殊原因而保留下来；另一方面，新的经济形式培养了新一代的消费者，他们要求更加快捷地送货、更加简便地交易并了解相关信息。这就要求企业适应这一趋势变革，传统企业可利用网络展开竞争，网络企业也可采用传统方法[①]。

第二，数字化和网络时代不存在一锤定音的终身免受再教育的机会。人的年龄增长和知识增长不成比例，活到老，学到老是一种生活方式，不是某些人的偏好，而是一个人生存竞争所必需的战略。新的网络运行方式将产生新一代独立的、自主的学习者，其成功靠的是自我激励和信息共享。

第三，开放式公司的出现。企业与外部世界，包括供应商与

① 刘婉．制造企业数字化转型模式及其适应性能力研究 [D]. 杭州：杭州电子科技大学，2019.

顾客之间的界线将会消除，权力从产品、信息与服务的提供者那里转移到接受者手中。

第四，产品成为商品，新的交互运作机制将极大地改变产品价值的确定方法。更重要的是，由于价值的确立每时每刻都在变化，价格的确定也必将转向实时而灵活的方式。易趣网就是一个有益的尝试。

第五，网络化的劳动力大行其道。企业建立内部网，包括大学和研究机构的内部网使内部职工了解到更多的信息，创造虚拟的工作社团，这样，不论对企业还是对个人来说，原来的工作地点概念将被彻底改变。

第六，顾客成为数据。实时数据挖掘技术是一种能使公司分析并预测顾客行为的新技术，要求公司调整现有的组织结构以确立新的网络化的顾客中心机制。

第七，经验社团的出现。人们利用即时全球通信系统可以实时搜集各种知识。集体经验在信息收集和制定决策中起着更大的作用。

七种网络趋势产生于顾客、员工、分销商、供应商和商业伙伴之间错综复杂的关系链。在企业数字化和网络化过程中，这些关系将大大简化。经济全球化和世贸组织规则的标准化是生产关系发展的要求，也是人类生产关系适应生产力发展的表现形式。最充分、最及时地顺应这些趋势利用这些关系的企业将是网络未来的成功者。三种生产关系变革表现如下：

内部网：职工关系。内部网是企业调整内部生产关系的网络。它不是任何人利用一个网页浏览器和一个搜索引擎就能访问的。通常，内部网作为组织管理扁平化的技术平台，除了削减信息传递成本外，还用于高层管理人员与每一位职工直接沟通。职工上内部网是免费的，每一个人有一个密码，他们上网访问和公司内部通信都在“防火墙”后面进行，这种技术把外部人员排斥在外。在未来网络中，精明的公司利用内部网加强与职工的关系，授权职工进行管理、学习和发展，方便工作程序，政治宣传等。目标是要消除等级观念，达到人人代表公司的管理境界。或许更为具有战略意义的是，持续的在线交流使公司目标与顾客需求保持一致，因为员工比许多高层管理人员更经常地接近于顾客。

外部网：供应商—分销商—合作伙伴关系。外部网是企业与外部战略伙伴联系的专用网络，类似于铁路上的专列或空中公务机。通过外部网，企业可以与供给链上的合作伙伴建立虚拟组织或网络化战略联盟。如供应商可获准成为公司会员，一点鼠标就能找到公司所需的供给。承运商和经纪人也可获准进入公司数据库以便为公司提供更好的实时服务。公司还可以协调各合伙伙伴的数据，建立一个共同的数据仓库，使它们在事实上成为企业的有机组成部分，形成一个网络化的战略联盟。

互联网：顾客关系。互联网是生产关系国际化和经济全球化的物理平台。对于大多数顾客来说，他们看到某一公司在互联网上的网站决定了他们对这个公司的看法。公司应尽早在互联网上拥有自己的一席之地。但有的公司只分配了有限的市场营销资本用于维持网站的最低运作，有的公司则与顾客建立了新型关系并为适应网络经济而做了自身的调整。在网络未来中，仅用互联网做广告宣传的企业是不会成功的。互联网为公司与传统顾客的互动交流和与新顾客的持续对话提供了前所未有的机会。公司有机会把这种互动交流变成一种真正的公司—顾客关系。

认清网络经济的发展趋势后，数字化企业的建设应该把三种物理网络变成关系网络并加以利用，这是一种全新的思维方式。在未来网络中，传统企业和纯网络企业将相互拥抱对方，从而使这两个世界融为一体。新的融合将是数字环境、物理环境和生产关系的统一。在这样的网络时代里，所有的人和物之间的内在互联性将改变整个外部世界的公司观念。端到端的完全连通性，使消费者可以真正实时地向企业传达对产品和服务的需求和对未来的偏好。在未来网络中，消费驱动着概念，外因决定着内因。

二、企业数字化网络化转变的微观趋势

从企业的观点看，企业的数字化、网络化转变有七个基本的趋势[①]。

(1) 企业资源计划（ERP）。由于 ERP 是一套涉及企业管理各个环节的软件系统，其目标旨在通过集成化的软件模块，满足企业对于人员、财务、采购、销售、库存、生产等各种资源优化管理的需要。应用对象包括企业各个层面的员工。因此，这种复杂的软件系统需要成熟和适用的技术作为其内在动力，同时这种技术要能够保护客户和开发商的投资，平滑地适应未来应用和技术的变革。

ERP 系统不光是一个软件系统，它同时是企业管理运作经验和业务流程的载体，只有通过优化的业务流程和可复用的知识，结合软件系统才能真正提高企业运作的效率和管理质量。

(2) 知识管理。在决策、生产或销售的各个过程中，提供有关顾客、竞争对手和产品等方面的有关知识。

(3) 创新应用。创新应用解决终端的信息流传递问题。如交

① 崔森 . 服务型企业数字化转型的影响因素研究 [D]. 长春：长春工业大学，2015.

通信息通过 GPS 系统提供，从现金登记到产品制造和机器故障通过传感器传递给服务工程师。

（4）企业网络化。企业网络化使两个或多个企业间的合作异常简单，看起来像一个企业。最终产品销售信息能迅速传递给供给链上的所有合作伙伴。

（5）电子服务。企业许多有关次要管理的数据可以通过电子方式发送。如需获得有关顾客的信息，在线第三方数据服务商可通过电子方式传送给相关方。

（6）顾客过程支持。公司不仅仅是简单地出售产品或服务，还应支持全部的顾客过程。如运输企业应支持后勤过程，医生应支持整个医疗过程，保险公司应处理并非顾客本人的保险声明等。

（7）价值管理。公司管理不仅应关注金融结果，还应关注导致结果的各种要素。当企业关注成功的绩效要素时，金融管理将成为价值管理。

（一）企业资源计划（ERP）

在过去的 30 年中，公司利用 IT 的主要目的是提升内部过程管理效率。调查显示，60% 到 92% 的 IT 投资于供给链过程，如购买、生产和分配，或者在支持过程方面，如金融、人力资源等以及管理过程方面。CAD / CAM 的应用就是一例。对于许多公司的竞争来说，经营水平和能力是决定性的，选择 ERP 软件系统是至关重要的。进入 20 世纪 90 年代后，中国的企业经营环境发生了巨大的变化，原有计划体制被打破，企业进入动态竞争的市场环境中，竞争的优势不单体现在单个企业本身。企业管理应用软件正从企业的内部核心应用（内部供应链）向供需两端延伸和扩展，新一代 ERP 系统必须适应并支持这样的环境。为了增强竞争力和筹措资金，大力发展民用产品经营业务，如中国人民解放军五七二零厂（简称 5720 厂）采用金思维公司的 ERP 产品进行企业信息系统建设。5720 厂是国家大型航空设备修理企业，以翻修国内各种型号的飞机为主，具有较强的航空部件及机载设备修理能力。该厂 ERP 应用系统工程项目涵盖了 CAD / CAPP / PDM、OA、ERP 等系统，工作量很大，特别是在系统集成方面有相当的难度。实践证明，应用 ERP 软件系统，可缩短各个环节的时间消耗，及时跟踪市场动态，提高企业管理效率和竞争力。

ERP 软件包像其他软件一样，代表了公司的某种战略，它们决定了企业的实际运行以及能够被支配的战略空间。许多公司在认识这一点之前还有很长的路要走。在未来，ERP 系统所起的作用类似于现在的操作系统、数据库管理系统、互联网浏览器和办公套件。

在过去，这样的创新是个人计算机和互联网。至于 ERP，基于短信息的调制软件包将取代数据整合的单独软件包。在顾客关系管理（CRM）领域，将会有功能强大的软件包在 ERP 系统外产生，能取代 ERP 的部分功能。在企业数字化时代，基于整合运行交易系统的无缝连接成为基础，它们将继续配置很大比例的资源。企业间网络化的前提是组织间的整合，既要有相对独立性，又要有效率。企业必须利用一切机会来调整组织之间的战略、过程和交易系统，企业的网络化和其他创新方案应该建立在一个生产性的、整合的 ERP 系统上。许多企业能够迅速替换旧的交易系统，目的是达到软件之间的兼容，但许多情况下没有包括过程设计，竞争的压力将逼迫企业将过程设计与顾客需要和提高效率联系起来。全球化、供给链管理和需求的重建都需要过程的标准化，这是协作的前提。每一个增加的软件平台都会产生额外的复杂性，内部的软件和外连的软件一样也需要标准化。

(二) 知识管理

知识对于公司价值的决定性作用正在迅速增加。一个公司的价值，尤其是在证券交易所中已不再基于其实体和金融资产，而在于其未来的获利能力。这种能力依赖于有关技术、产品、服务、过程、顾客和其他市场参与者的知识。在网络经济中，每一个企业将专业化于某些过程和有限的产品上，但从全球化角度看，它们应该有世界水准。知识管理并不完全是新的，组织发展、组织学习、人工智能和其他方法都指向同一个方向。知识管理系统对于多媒体文件的结构、过程、编辑和存储进行处理。然而，多媒体和网络并不能使已存的知识直接被使用，必须经过多种形式的数据挖掘才能利用。

(三) 创新应用

如今，创新应用，如数码相机、机器工具控制系统、游戏机或汽车引擎管理等的使用已被认为是理所当然。进入数字化时代后，这些创新产品的一个显著特征是与网络兼容。汽车 GPS 系统、移动电话（GSM，CDMA）、电视机机顶盒、道路定价系统、机器上与网络相连的电脑等都是网络应用的例子。创新产品在许多领域改变着企业的发展战略。企业家必须关注下列问题：①哪一种信息和电子服务对消费者、员工或机器产生了增值？②在哪一个终端上新奇的发明能够提供信息？③通过哪一种更好的或更经济的方式可促使市场参与者向我们提供产品或服务？

(四) 企业网络

数字化时代的企业是一个网络过程。在过去的10到20年中，企业过程的重新设计促成了企业内的整合，数据库系统使这种整合成为可能。在下一个10到20年中，企业网络将连接上述过程和大多数企业，直接通过互联网为消费者服务。企业网络的类型有以下几个：

(1) 电子商务。企业网络最被人称道的是网络商店。卖方的电子商务，如制造商、银行和许多其他人利用互联网作为满足消费的新渠道。这种业务一般是对传统形式的替代。

(2) MRO（Maintenance Repair Operations）购买。这是一种买方电子商务。MRO购买从顾客需求过程开始，进行商品分类，联系各个供给商，利用电子商务进行后勤、支付和产品分类管理。

(3) 供给链管理。供给链管理的目标是优化供给链网络中各要素的购买、生产、存货管理、运输等事项。供给链中的大多数成员既是生产者，又是系统整合者和顾客。

(4) 共享服务。大企业集团将众多合作伙伴的过程管理集成起来，形成服务共享。这种类型的组织依靠电子商务进行数据协调、信息传递、收费服务。当然，共享服务也可以从其他独立的公司购买。

在许多情况下，企业面临的并非是对企业进行数字化和网络化改造，而是顾客是否接受网上购物。它有以下一系列的选择。

(1) 产品和服务。哪一种新产品和服务能够在网上销售？哪一种内部服务公司能够提供供给市场？公司能够不费力地通过电子商务形式提供内部服务吗？

(2) 新顾客。企业网络不仅创造了到达原有顾客的新通道，还有了到达新用户的渠道，即通过网络扩展了客户服务区域。

(3) 供给链。公司包含在哪一个供给链中？市场能够接受哪种网络？公司期望在这个网络中占据哪一个位置？公司是自己组建供给链，还是作为一个供给者和顾客？

(4) 购买。公司是否在网上购物？是否在全球供给商范围内购买？哪一个过程需要重新加以设计？

(5) 资源外包。当两个公司之间的交流没有内部部门与另一个公司之间的交流多时，公司可以将这部分业务外包，关注有优势的战略过程，提高获利能力。

(6) 决定性的多数。企业网络需要一个决定性的多数。否则可能导致经营失败。顾客从网上书店买书时，肯定选择品种最全的那一家，同样，书商将优先供给拥有最大客户群的网上书店。投资建设一家网上书店成本很高，而边际成本却极其微小，如果将资本投向拥有尽可能多交易量的书店，获利的可能性就会高很多。许多网络方案有发展潜力，但是如果离达到决定性多数的路程遥远，那么也不可能马上实行。如 DVD 进入日常生活只是在技术成熟且众多参与者认为技术取得成功时才实现的。

(7) 网络化。对于数字化时代的企业来说，网络化是一项核心竞争力。除了注重组织内部过程管理外，一个企业必须具备通过网络提供新服务的能力，以及用小成本整合顾客和供给商的能力。企业网络化对企业的影响远比 ERP 大，潜力大到可称得上一场新的产业革命。

(五) 电子服务

企业的数字化、网络化建设产生了电子服务部门，它负责网络接入、分类、支付等。主要由五个层次组成：基础服务层提供技术基础结构。整合服务层支持企业之间过程的协调，保证安全传递信息，选择并识别市场参与者、产品等，帮助重建包含众多参与者失败的网上交易和从不同数据仓库链接目标；从另一个角度看，整合服务所提供的服务类似于一个公司内部数据库管理系统的服务。企业网络服务层提供上网企业所需的 E-mail、支付社区、跟踪等服务。信息服务层提供的内容包括新闻或研究报告、证券交易价格、合作伙伴的信贷状况等。企业支持服务层包括企业资源外包和大量电子形式的购买过程等。

(六) 顾客过程支持

顾客过程支持利用了上面提到的所有发展来服务于顾客要求解决的问题。许多企业信奉以顾客为中心的原则，然而经常限于市场上的产品或服务。公司战略实际上仍然以产品为中心，许多公司的网站也证明了这一点。数字化时代的企业应该关注顾客过程、网络、多媒体和 IT 技术，使企业关注顾客而不是产品成为可能。一些领先公司已经做到了这一点，它们向顾客提供每一件产品，每一种服务和他们所需的每一条消息，逐步成为整合服务商和过程服务的专家。顾客服务过程具有下列特征：

(1) 顾客过程管理专业化。服务整合提供商对于顾客过程的经验要丰富得多，因为那是它们的战略核心过程。

(2) 顾客生命周期资源。顾客中心建立在顾客有关数据信息的基础上，围绕这一过程提供服务。

(3) 虚拟社区。这是服务整合提供商服务的延伸。一方面向顾客提供了获得相关知识的方式，另一方面使顾客与顾客、顾客与个人服务供应商之间建立了直接的信息沟通。

（4）顾客数据。企业建立顾客数据库，研究他们的消费行为规律和个人偏好，以便有针对性地以 1∶1 的方式提供服务。目前，顾客数据库在美国、英国等发达国家已经蓬勃发展起来，是一种为顾客服务的高端形式。

（5）服务包。服务整合商向顾客提供一揽子服务项目，如多功能产品分类、产品搜索、订定单登记、支付、后勤、产业新闻、信息服务、电子论坛、帮助台和产品相关服务等。

（6）全球化。服务整合商利用互联网破除了传统的地理边界，提供全球服务。

（7）过程要素的外包。顾客过程中心化后，公司可能会支持少数服务项目外包，甚至业务全部外包。

（七）价值管理

人类社会正从工业时代转型到数字化和网络化时代，它要求企业家站在 IT 技术提供的生产力平台上看待新问题，应该重新审视过程、产品、员工、金融、顾客、市场等各个要素，用一种全新的思维方式来为市场提供产品或服务，包括用在线方式发送货物，建立顾客数据库，优化核心竞争力，成立网上虚拟组织，组建网络化战略联盟等。网络时代的管理不但要层次分明，而且要面向未来、程序化和标准化、透明化。

第三节　企业数字化的要素

一个想进行数字化改造的企业必须具备生产力方面的硬要素和生产关系方面的软要素，缺少任一方面都不能成功。如果不具备硬要素，再好的管理和创意想法都是黄粱美梦；如果拥有最先进的技术，没有有效的管理和协调能力等软要素或软资本，那么再先进的技术也无用武之地。这两种要素各自包含的内容很多，有无限种组合方式。它们是数字化企业成功的前提，同时也可以认为是一种障碍[①]。

一、企业数字化的硬因素

数字化企业的硬因素主要包括技术能力、技术平台及其竞争力。硬因素要求企业建立一个兼容性和扩充性俱佳的体系结构。该体系能使企业快速地开发并开创新的电子商务应用，即开展各种增值应用和网络配置。在“.com”的世界里没有什么技术会天长地久。一个企业如果没有一个基于标准的技术平台，那么企业数字化就变得很困难了，因为企业要为频繁的业务创新重新设计技术基础设施。有了标准化平台，企业的每一项开发会更容易，成本更低，只需最少的技术复制，并且允许扩展性能，即用简单性、灵活性和标准化来对付复杂性。

企业现在的数字化技术及应用平台如表4-1所示。这组技术是按照协调（该技术自动连接的成员企业数量）、过程界面（人或机器）和交易支持的复杂性标准区分的。

（1）电话、聊天室。买卖双方在分类基础上通过这种方式获得信息或谈判相关商品的数量、价格、折扣和发送日期。（2）传真、邮寄、电子邮箱、新闻组、互联网出版。供给商通过这种方式发送分类信息或通知客户最新进展。（3）企业资源计划网站或电话。客户通过互联网访问企业ERP网站，获得信息并从事商

① 阮玉顺．中央级出版企业数字化转型升级实现策略研究[D]．北京：北京印刷学院，2015.

业活动。(4) 电子数据变换。客户信息系统创造并且自动向供给商信息系统发送标准定单。这是互联网应用前电子商务的一种重要形式。(5) 远程登录。供给商拨号进入客户的 ERP 系统，从事各种商务活动。

表 4-1　网络技术

协调技术	连接	过程界面	交易支持
电话、聊天室	1 : 1	M : M**	简单，复杂
传真、邮寄、电子邮箱、新闻组、互联网出版	1 : n*	M : M	简单，复杂
企业资源计划网站或电话	1 : n	M : C**	简单
电子数据交换	1 : n	C : C	简单
远程登录	1 : n	M : C 复杂	

注: n* ≥ 1，M** 代表人，C** 代表计算。

在网络经济中，软因素其实就是硬因素。管理一个企业最具挑战性的方面，是配置企业的各种人才并利用人才的能力。要在企业中塑造一种有凝聚力的团队精神、统一的道德和价值规范，使之为人的利用服务。相比之下，尽管开发或选择配置适当的技术任务也是困难和富于挑战的，但并不那么重要了。正因为处理生产关系方面的软因素非常困难，并且在这个方向的努力也很难衡量，企业管理者都自觉或不自觉地把大量的注意力集中在硬件建设方面[①]。

数字化企业对于管理等方面的软因素有更高的和特殊的要求，从首席执行官到普通的管理者都要熟悉网络，能够用网络术

① 张学会 . 传统出版企业数字化转型研究 [D]. 北京：北京印刷学院，2017.

语进行思维和行动，熟练运用网络工具，并带动每一位员工可以从事网络经济方面的工作，在企业内部形成一种网络文化。瞬息万变的商业环境和日新月异的技术进步迫使企业管理者走出办公室，下放权力，利用团队力量解决各种挑战。他们和传统经济中的管理者有很大区别。

成功的数字化企业一定是软因素和硬因素有效率地结合，并因此具有竞争优势。阿米尔（Amir）、哈特曼（Hartman）等人认为，考虑竞争优势的有用方法是考虑5个方面：复杂性、并发性、一致性、连接性、协调性。

（1）复杂性。数字化时代是一个高科技群呈爆炸性放射的时代，技术变化快，环境的不确定性也随之增加。竞争的对手从一个地区、一个国家，发展到全球，传统竞争的固定边界演变为网络经济的模糊边界。网络经济中速度和创新是成效的决定性因素。第一名与其他人的距离越来越大。一个最典型的例子是网络世界中产品价格与完全竞争的确定。在新古典主义经济学家看来，消费者的福利在完全竞争的市场上是最大的，而且对于厂商来说也是一个最优的市场价格，即P=MC=MR，P表示利润，MC表示边际成本，MR表示边际收益。而在垄断情况下，消费者福利会受到一定损失。因此，他们推崇一个帕累托最优的市场竞争模式。但自经济学诞生200多年来，这种理论模式只是停留在教科书上的空想。而网络经济的到来，好像一夜之间便使市场在世界范围内融为一体，变得透明化和近乎完全竞争了，价格的波动达到了一种理想水平。价格的简单化决定正好意味着其易变性，以价格取胜已经没有传统经济那样容易了，而在充分了解厂商和消费者偏好的前提下，快速满足客户需求并占领市场份额成为战略举措。

（2）并发性。在网络经济中，各种事情会同时发生。开始、中间和最后这样的判断没有任何重要意义。我们也不可能根据已经得到的东西来推断未来会得到什么。不连续性主宰着网络世界，各种过程也呈现非线性特征。

（3）一致性。一致性表明一个企业在变化的环境中的相对完整性。科斯定理表明，交易费用决定了企业的边界。各种边界可以限制一个企业的活动范围和方向，使其失去成长拓展的能力。一个数字化企业的结构可能是富有流动性的，它的结构和顾客随着市场波动而变化。虽然从理论上讲，互联网使企业交易费用降到极其微小的价位，其面对的市场也应该是全球性的。尽管如此，它还是存在着许多边界，有内部的也有外部的。外部边界包括法定的和行业的或自定的规章制度，如英荷壳牌石油公司制定的内部反腐败规定。内部边界则由领导者围绕企业的利益相关者，如所有者、股东、合作伙伴和顾客等而实行的有特色的管理。企业通过网络管理来保持一致性，便不至于因企业网络空间的无限扩大造成混乱的状态。

（4）连接性。知识管理是数字化企业的首要任务，连接性是知识管理的前提。人类的看法和思想中的陈规陋俗常常落后于新技术的引进，这就限制了人与人之间通过知识共享将未知与创新相连接的能力。对于许多企业员工来说，他们面对技术创新、管理创新和制度创新时，往往感到茫然。如果他们没有从其他人那里见到他们可以获得的同样价值，很多人都不愿意放弃他们所知道的东西，甚至会抵制新事物。如18—19世纪的工人运动不是将斗争的矛头指向资产阶级，而是破坏他们自认为是矛盾根源的机器大工业。这就需要先进的领导或领袖人物进行理论灌输，达到共享知识的目的。西方学者对人类进行的几个世纪的研究发现，人们同热衷于积累财富和权力一样，热衷于积累信息，几乎没有多少人愿意和别人共享信息，或者将信息送给别人。在大多数企业中，如果没有认识到人类总是不愿意把自己已经知道的什么是对的知识进行共享，甚至连错误的知识也不愿意共享，那么，知识管理的创新就会非常缓慢。一些成功的数字化企业，如思科、美国在线，都已发现知识和财富与权力不同，可以被出卖、被赠送，也可以被保留，信息是不灭的。连接性意义重大、连接性好的企业，在与网络战略联盟、虚拟组织、平等伙伴等共享知识时会产生一种规模经济效益和正外部溢出效应。最好的例证是硅谷，在那里有无拘无束的环境，几乎至高无上的知识管理实现了辉煌的收益。硅谷已经演化出了一种文化，在极端个人主义的同时，承认尽可能实时的信息共享的重要性。连接性产生了有史以来最大程度的财富积累。

(5) 协调性。跨越企业的网络战略联盟、虚拟组织或合伙人、利益相关者之间的关系的协调，是数字化技术推动生产力发展和企业创新的重要方式。为了创造强大的双赢战略，合作双方或多方之间要将联合体的竞争力提高一个档次，协调是重要的。合伙各方既要有明确的目标和中、长、短期战略任务，又要有明确的责任与义务规定，建立一个跨企业的协作组织。

第四节　传统企业与数字化企业的战略区别

传统经济主要建立在物质有形资本的制造工业基础上，属于资本密集型经济，强调生产者主权，其对无形商品，如服务的理解也建立在这种理念之上。而新型的网络经济主要建立在无形资本的生产上，属于知识密集型经济，强调消费者主权，以全心全意满足厂商和消费者的需求为目标。相应地，处于传统经济中的企业与网络经济中数字化企业在市场、生产、购买、销售和过程等生存与发展战略上存在巨大的差别，本节将它们区分为与生产力平台相关的战略、与生产关系相关的战略和融合战略三部分[①]。

一、与生产力平台相关的战略区别

19世纪奥地利经济学家庞巴维克认为，社会发展是由技术进步推动的，它表现为社会生产过程的“迂回生产”，即由原始社会拿起来就能吃、就能用的生产方式转变为一种生产过程日趋复杂、日益增加的生产方式。生产过程，包括服务中介等的迂回，复杂化是生产力发达的标志。数字化技术和互联网所引发的新科技浪潮，给人类社会带来了许多新变化：供给链日益延长，单一生产过程日益压缩，服务中介的细分，服务的个性化，产品与服务的融合，服务内容中无形商品的增加，内容与形式的分离等。

数字化本身并不能创造什么价值，就像声音本身没有价值一样，只有当技术与传统的或其他的功能结合在一起时才能创造价值。如戴尔公司的大规模定制就建立在数字技术基础上。在传统技术平台上，戴尔公司只能采取大规模标准化生产。互联网出现后，戴尔公司为了满足个性化需要，比以前多了一个定制过程，迂回程度增加了。一旦客户的信息数字化后，它就能够被储存在数据库中，然后通过互联网传送到工厂的自动生产线上。现在兴起的网上远程教育、网上诊断、网上演习等便是将传统的功能与

① 郭云武．中小企业数字化转型双维能力与绩效关系研究[D]. 杭州：浙江大学，2018.

新兴形式相分离的产物。功能与形式的分离就意味着能够以多种渠道来传送功能，这将大大减少交易费用。数字化的复制是迂回生产的另一个经典形式，不论什么多媒体信息都不是直接复制的，而是必须先转化为数字化0和1编码，然后利用数字化设备复制，这种复制的实际成本几乎为零，而且在质量上与原件没有任何区别。而传统经济和模拟技术不会出现这种现象，复制成本几乎与原件一样昂贵。在模拟世界中，每复制一次，复制的质量就下降一些。

数字化技术最大的影响是系统性地降低了交易费用，它不断地从虚拟价值链中节约交易费用。几年前因过于昂贵而不可能得到的信息，现在仅需微小的交易成本便可以得到。低交易费用为大规模的网络经济创造了条件，这种趋势加快了交易成本最高的市场开拓、广告和客户支持等过程。越是面向商品的服务或支持，就越容易被挤出价值链。数字技术消除了在传统经济中被认为不可改变的时间、地理位置的影响。地理位置在某种意义上已经变得无足轻重。但直到目前为止，地理位置在传统经济中仍起到关键性的作用。在网络经济中，顾客是全球范围内的。这是一把双刃剑，任何一家厂商在面对全球范围内顾客的同时，也必须面对全球范围内的竞争对手。你可以很容易地接触到竞争对手的客户，反过来也一样。

二、与生产关系相关的战略区别

数字化技术和互联网已经冲击和改变了人们的生产方式和生活方式，对一个传统企业来说，所有权是最重的权力，它百般努力试图拥有垂直供应链。许多大汽车公司甚至拥有铁矿，其目标是想控制汽车工业的每一个环节，在传统的以资本为主的体制下，这种做法是资本积聚和集中的结果，有一定合理性。但在传统重工业的利润下降以后，所有权变成了一个包袱。人们开始认识到，为了鸡蛋，你并不需要拥有一只会下蛋的母鸡，拥有一切只会分散注意力，不能很好地在多点之中抓住重点。而将注意力放在核心竞争力与客户上，将其他业务外包，是网络经济时代企业战备决策的关键。放弃一部分外包业务后企业仍然需要与合作伙伴协作，以控制该业务的流程，最好的方式便是结成网络战略联盟。同时，企业在一个产业的影响越大，就越容易对它的合作伙伴施加影响。现在的市场上充斥着各种合作关系，而且其消失的速度如同其产生的速度一样快。企业的战略是，当机会出现时，确定的核心竞争力，然后寻找最佳合作伙伴进行合作。接着等待下一个机会。当市场变化时，合作关系也要随之变化。核心竞争力并不排斥规模，尽管物理规模在网络时代已不是一个决定性的因素了，但是网络经济同样也能够利用原来的物理机构，如传统图书销售商巴恩斯 & 诺贝尔（Barnes & Nobel）公司利用其遍布全美的连锁书店加上网上营销击败纯粹的网上销售新秀亚马逊。

数字化技术也改变了传统的金字塔式管理机构。在金字塔顶端并没有多大的舞台，因此，决策层与基层的层级关系越简单、越少，就越能适应数字经济的运营方式。数字经济建立的技术平台允许并要求将决策权下放到那些直接与客户打交道的人手里，或者直接交给客户（如戴尔公司的做法）。网络就是这一策略实现的基础，同时它也是管理层获得力量的保证。网络化组织的活力在于其网络上各个节点的交流。戴尔公司创造的大规模定制体现的是网络组织革命化的经典原则，就像传统工业经济的原则是大规模制造一样。大规模制造体现的是“一对多”的关系，而大规模定制利用的是互联网开创的“一对一”的关系。这种服务水平已经从群体层次跃进到单人层次了。可以预见，交互式的特定服务在网络经济中将不再是个别公司提供的高档奢侈品，而是一种必需品。如果没有数字化，大规模的定制服务是不可能完成的。定制服务的方法是建立一个站点，根据顾客原来的访问记录为其定制一个界面。一个采购经理与一个家庭主妇的需求就完全不一样。采购经理也许需要一个简捷但功能强大的界面。而家庭主妇也许需要感性认识更为强烈的界面。除了界面上的不同外，定制的站点还必须能够保存用户的个人信息。也许在这之上还会提供特殊的产品介绍或打折服务等。近年来，西方国家兴起的数据挖掘技术就是为了充分挖掘顾客现在和未来的可能需求，以便准确地提供个性化服务。既然数字技术已能够保证全面跟踪每一位用户，市场的法则就应该从守着产品找顾客转移到围着顾客找产品。厂商与客户之间将创建一种亲切、不断发展的客户关系模式。这种关系模式一旦与其他因素，如速度、价值链集成、新的信息中介、许可营销等联系在一起，就能在原来的市场与顾客之间创造一种全新的关系。这种关系在数字经济中是公司的最大财富。

大规模定制并非完全没有风险。如果企业的产品没有达到顾客的需求，那么顾客也许永远不会再回来。定制使消费者再也不需要妥协，他们得到的就是其想要的，包括汽车、计算机、服装、书籍、眼镜、药品、唱片等各种商品。对于厂商来说，定制失误是要遭受惩罚的，因为退回来的商品将没有多少价值。网络经济使消费者越来越追求“完美”的产品、服务与信息。市场的决定权从供应商手里转到了消费者手里。

有学者曾预言，在数字经济中，由于供给商与消费者可以在互联网上直接交流信息，信息中介将退出历史舞台。笔者认为，一些中介肯定会消失，但由于网络信息的无限性与人的注意力的有限性，那些能够在复杂的市场中把握住机会的公司仍然能以中介的身份生存下来。如亚马逊公司在表面上省去了书籍发行商与读者之间的中介环节，其实并非如此。首先，它本身就是众多传统图书商与读者之间的中介，它并不出版书籍；其次，亚马逊公司在读者定购图书之后，还必须通过作为中介的图书分销商来完成配送服务。亚马逊公司虽然改变了图书市场的某些环节，降低了交易费用，但是这些并不是通过消除中介而得到的。从广义上讲，不论何种形式的网上营销，最终都需要一个配送渠道，那就是中介。网络经济虽然消除了批发商、零售商以及消费者逛商店所耗费的时间和搜寻成本，但无论何时也消除不掉送货这一个中介。

三、融合战略

互联网给传统经济带来了很大冲击，使许多领域都必须重新进行排列组合。其中，融合就是一种适应方式，包括软件与硬件、软件与软件、硬件与硬件的融合。

在传统经济中，产品必须在内容（软件）或者硬件载体中选择一个。如果硬件载体没有内容，那么它一般没有什么价值，如没有 CD 唱片，CD 机就毫无用处。在数字经济中，硬件与软件之间的区别被模糊了，也许一家内容供应商能够在硬件载体上取得成功；也许硬件载体供应商能通过内容服务获得更多的收益。因此，企业没有必要抛弃现有优势，可以从两方面的融合中获得回报。融合的作用远远超出人们的想象。汽车与高速公路的结合推动了人口迁移和郊区卫星城的发展，多媒体技术与手机的结合产生了一个移动的信息社会。现在，融合的趋势在金融、网络和实体产业中扩散蔓延，这无疑将创造出新的价值链。

第五章　数字经济与企业变革

第一节　数字经济时代的企业运营创新变革

伴随数据资源的爆发式增长、数字技术的持续快速创新，经济社会各领域数字化进程日益加快，数字经济被赋予了新的含义，日益成为推动经济实现快速增长的重要驱动力量。新时期，企业应提供能够为未来企业数据分析与预测、企业战略与转型、产品服务信息化等方面起到支撑作用的技术，使之在转型变革中掌握和利用好数字经济，在实践中不断创新并推动数字经济发展[①]。

一、数字经济时代背景

数字经济是移动互联网、云计算、大数据等新一代通用技术深入经济社会各个层面后产生的结果，是目前引领全球经济增长的重要引擎之一。在“互联网 +”行动计划的推动下，数字技术与传统经济不断融合创新，基于互联网的新技术、新产品、新模式、新业态迸发蓬勃生机。

（一）数字经济内涵及特征

数字经济是继农业经济、工业经济之后，以信息革命为背

① 汪怡迪 . 互联网背景下服装企业数字化转型研究 [J]. 浙江纺织服装职业技术学院学报，2020，19(03)：55–58.

景，以经济全球化为目标，以数字技术为标志和驱动力，以知识资源为依托的新型经济社会发展形态。塔普斯科特（Tapscott）在其著作中论述了互联网对经济社会的影响，卡斯泰尔（Castells）则聚焦于信息时代经济社会发展动力问题进行了研究，尼古拉斯（Nicholas）阐明了信息技术、互联网对时代和社会生活产生的影响与价值，使数字经济理念迅速流行开来。我国十分重视信息通信技术对经济社会的促进作用，2015年的《政府工作报告》首次提出了“互联网+”，要求通过促进互联网融合创新作用的发挥，加快经济转型升级步伐；2016年的G20杭州峰会上，我国倡导签署了《二十国集团数字经济发展与合作倡议》，这是官方文件第一次使用“数字经济”这一提法；2017年的《政府工作报告》中指出：“推动‘互联网+’深入发展、促进数字经济加快成长，让企业广泛受益、群众普遍受惠。”

数字经济的内涵在实践中不断演化，各国政府逐步将发展数字经济作为推动经济增长的重要手段，特别是2008年国际金融危机爆发以来，世界各国纷纷开始制定数字经济战略，期望通过发展数字经济拉动经济复苏。当前，我国也在大力发展经济、培育新动能，开始更多地从经济视角研究数字化问题，数字经济已被视为撬动我国经济高速增长的新动力。基于上述观点和实践发展，G20杭州峰会签署的倡议中的数字经济内涵较具代表性，倡议认为，数字经济是以使用数字化知识和信息作为关键生产要素，以现代信息网络作为重要载体，以信息通信技术有效使用作为效率提升和经济结构优化重要推动力的系列经济活动。作为新的经济形态，数字经济呈现出有别于传统经济的独有特征，宽带、无线网络等成为必要的信息基础设施，数据成为关键要素，数字素养成为对劳动者和消费者的新需求，数据驱动型创新正在向科技研发、经济社会等各个领域扩展，日益成为国家创新发展的关键形式和重要方向。

（二）数字经济意义与作用

现阶段，数字经济已成为我国经济增长的主要动力源泉，其对社会的重要价值意义在于：第一，提高经济发展质量。数字经济的赋能效应显著，不仅能够驱动经济快速增长、促进全球贸易繁荣，还能提高经济增长质量，推动传统产业优化资源配置，加快实体经济的转型升级。第二，激发创新创业热情。在新一轮科技革命和产业革命的带动下，特别是在政府的大力推动下，我国孕育了一大批极具发展潜力的互联网企业，数字经济成为激发创新创业、带动就业的驱动力量。第三，增强节能减排效果。信息通信技术的自身发展有助于减少社会经济活动对部分物资的消耗，将信息通信技术应用于其他产业，如优化物流安排和智能流量管理等，可以带来更为明显的节能效果。第四，推动供给侧结构改革。互联网与工业、农业等传统产业深度融合，大幅提高了生产运营和组织效率，显著提升了有效供给能力，与此同时，互联网扩大了居民消费空间、增强了用户体验、优化了消费环境，进一步释放了有效消费需求。互联网推动供给结构由低端向高端发展，需求结构由生存型向品质型转变，增强了供给结构对需求变化的适应性和灵活性。第五，促进就业，增进福祉。数字经济激发了人类智力、提升了人们的认知水平。数字经济的发展使就业者可以摆脱时空束缚，使人的个体价值被更加自由地激发、流动和共享，有利于提升人民幸福感，增进社会福祉。

新一轮科技革命和产业变革的蓬勃兴起将对就业结构和就业数量产生巨大影响。我国数字经济领域的就业率逐渐上升，开始涌现出了新的就业形态。2018年，国家发改委、教育部、科技部、工业和信息化部等19部门联合印发的《关于发展数字经济稳定并扩大就业的指导意见》提出，以大力发展数字经济促进就业为主线，以同步推进产业结构和劳动者技能数字化转型为重点，加快形成适应数字经济发展的就业政策体系，大力提升数字化、网络化、智能化就业创业服务能力，不断拓展就业创业新空间，着力实现更高质量和更充分就业。按照《意见》要求，到2025年，伴随数字经济不断壮大，国民数字素养达到发达国家平均水平，数字人才规模稳步扩大，数字经济领域成为吸纳就业的重要渠道。

二、企业管理数字化转型

当前处于数字时代，任何组织都在寻求数字化转型，这个过程是必要和艰难的，它是一个由适应到依赖数字技术，再到逐渐形成数字化思维的过程。对于企业而言，数字技术正在深刻地影响着商业变革，不断涌现出来新的商业模式和创新，各个产业之间的边界也不再清晰，因此，企业的数字化转型势在必行①。

（一）企业竞争与战略数字化

企业间的数字化竞争是转型速度和转型效果的竞争，体现在借助数字化技术推动业务转型或业务扩张等方面，竞争形式呈多样化。对于传统企业而言，新一代原生数字企业对其发展产生了巨大的冲击，例如，数字媒体正在颠覆传统的媒体形态，今日头条等新闻聚合器和微博、微信等社交网络正在引爆网络，不但改

① 陈畴镛，许敬涵．制造企业数字化转型能力评价体系及应用[J]. 科技管理研究，2020，40(11)：46-51.

变了新闻的传播方式，而且改变了读者对新闻生产过程和新闻品牌的认知；同时，新兴数字企业存在跨界竞争，如企业由传统数据服务领域进入通信设备制造和互联网接入市场。现阶段，数字化转型速度快、效果好的企业能够更快、更好地适应数字时代，更能在人才、资本和品牌的竞争中保持优势。

现阶段，无论是客户还是企业员工，其工作生活都越来越习惯和依赖数字技术。数字技术能够使企业线下实体空间和线上虚拟空间逐渐融合、协同进化，从而引起企业内外部互动方式的数字化调整和更新。因此，企业需要从战略角度理解和适应数字变化，制定数据驱动的决策，培养人员内部从管理层到普通员工的数字意识和工作习惯，使之采取措施主动学习应用数字技术，渐进式改变原有的流程、支持新的数字业务，以提升效率和推动商业模式创新，并在变化中更好地识别机会、抓住机会和创造价值。

（二）企业管理与商业模式数字化

企业数字化管理能够以新的方式捕捉经营利润，建立起强大的客户和员工价值理念。从战略层面分析，企业应先确立数字化战略和阶段目标，确定关键负责人，制订详细计划，确保企业能够上行下达，逐步形成组织认同，同时可向组织外传递明确的数字化转型预期；此外，企业为更好地应用数字技术和适应数字化转型需求，应及时合理调整传统的组织结构，整合与数字化相关的业务或职能工作。随着商业活动数字化程度的提高，数据分析师等专业人才匮乏的问题逐渐显现，企业可以采取内培外聘的方式，为数字化人才提供适宜的工作环境，并根据数字战略更新企业文化。

数字平台是线上技术支持型的双边或多边市场商业模式创新，颠覆了传统行业游戏规则，创造出了新型社群市场，使原本相互竞争的企业、需求完全不同的消费者都成为了给平台贡献价值的参与者。数字技术大大降低了数字平台运营对基础设施和有形资产的需求，数字化的信息、经验和数字系统都可以零成本地传递和复制，极大地降低了智力扩展成本。数字平台获益方式灵活多样，可以收取交易佣金、单方面收取服务费，也可以围绕平台数据提供市场营销、投资咨询和数据交易等服务来获取收益。同时，数字平台参与者规模、参与者之间互动数量的线性增长会带来平台价值的指数级增长，从而产生平台网络效应。

(三) 企业经营数字化变革

数字经济快速发展，数字化与全球化日益融合，数据流动成为全球化新的特征。数字信息对商业运营的驱动，数字技术和网络技术对产业的不断渗透，推动企业从流程驱动、中心控制的组织结构转变为共享平台、高度去中心化的新型组织结构，改变了企业生产运营的全过程。

1. 企业市场与营销数字化

与传统时代的市场相比，消费者在数字时代也发生了较大变化，过去消费者只是广告和商品的被动接受者，而在数字时代消费者也参与到了企业商业活动中，主动讨论和表达对产品的想法。同时，产品生命周期较之过去更短，市场也更加细化，且消费者的忠诚度也在逐渐降低，越来越多的商业活动发生在线上，各种渠道和模式应接不暇，消费者的购物渠道和消费方式更加多样，因此消费者在购买商品时更加注重个人的消费体验。为此，企业需要收集消费者数据，掌握顾客线上线下行为，整合企业创意与活动，通过内容和服务创造独特的用户体验，使消费者自动进行品牌推广[①]。

数字营销是企业数字化转型的核心驱动。更好地应用数字技术和数字媒体建设数字品牌，提升用户线上线下一致性和便利性体验，与客户进行更多、更深入的互动是企业营销数字化转型的重要内容。网络社交营销是建立口碑和品牌的有效策略，数字媒体的内容和形式更为丰富，情感表达和互动性更强，通过数字媒体表达的数字品牌更容易被数字时代的年轻人所接受。而且，数字技术为创意提供了无限空间，这也是信息过剩时代抓住客户注意力的关键。为此，企业在线下经营基础上所新建的线上渠道和接触点，需要满足客户感知、消费过程、售后保障等线上线下的无缝衔接，鼓励消费者通过分享想法、共同完善设计、众筹、组建产品讨论组和粉丝社区等形式积极参与企业商业活动。

2. 企业产品与生产数字化

企业产品数字化通常是数字技术对产品形态和功能所进行的改变，其主要表现为：①产品本身数字化，比如金融、教育等行业的产品和服务等数字化的实现，往往伴随着第三方电子支付、按需购买服务等商业模式创新；②借助数字技术为产品附加更多功能，如在运动服饰内添加内置传感器记录客户的运动数据，此类转型常与市场细分和差异化创新密切相关，满足客户从科学锻炼到情感交流的多种需求；③围绕数字技术对传统产品进行重大变革，如汽车工业企业开发无人驾驶汽车，此类转型通常更具颠覆性创新特点，具有彻底改变客户行为习惯或同类产品使用规则的潜力。

---

① 陈勇 . 烟草企业数字化转型的探索研究 [J]. 现代工业经济和信息化，2020，10(05)：73–74.

传统企业面临的生产数字化转型主要是产品在生产过程和服务提供过程中的数字化，如在产品生产中使用3D打印技术等。通过数字化技术与先进制造工艺融合的智能制造，可以提高生产效率，优化产品质量，满足消费者的个性化需求，提供智能化产品，加速企业服务化转型。生产制造要想做到敏捷、精益，就必须实现数字化，这就要求传统制造企业能够使用数字技术在完全虚拟的环境中建立模型、进行验证和仿真，将包括生产在内的所有前端和后端环节都集成到统一的数据平台，使生产过程变得更加柔性、灵活和智能。

3. 企业商品与服务贸易数字化

数字贸易是以互联网为基础、以数字交换技术为手段、以互联网传输为媒介的，它不仅改变了企业商品和服务的生产和交付方式，还直接缩短了时空距离，降低了交易成本。互联网让共享经济、网络协作成为可能，通过线上线下融合、大数据与平台化，打破了地域、资源和成本的限制，其结果必然能优化贸易体制，简化企业贸易流程，增加其贸易机会。

数字贸易向客户提供的服务是知识密集型的，强调与客户之间的高度互动，更为重要的是数字贸易具有高度创新功能，在为客户提供产品服务的同时，企业作为数字贸易主体必须不断创新、吸收新知识、学习新技术，创造出适合技术和生产发展新要求的知识应用模式。因此，管理部门需要完善数字资源知识产权保护机制，积极应用数字融合管理工具，使信息技术应用与企业的组织、管理、流程等相匹配。

云计算、大数据、移动互联网、社交媒体等新技术的不断涌现，拓展和扩充了数字贸易产品服务的种类范围，为客户提供了更为广阔的商品服务选择空间和余地。借助数字技术，企业基于已有的优势资源，可以在全球范围内寻找需要的人才、供应商和合作伙伴，重新组织生产和创新，推出更丰富的产品线，适应和激发客户特殊化个性需求，满足实时性、交互性、低成本、个性化的需求。

(四) 企业数字化变革风险治理

数字技术快速发展、相互融合，催生出许多新产业、新业态和新模式，创造了大量的就业机会，使就业质量持续改善，但数字化给企业带来的颠覆性变革既是机遇也是挑战，企业应将变革过程中的各类风险管控纳入战略决策中，协同政府、社会民众或其他利益相关方，建立起更具灵活性与适应性的治理体系。

政府要为企业数字发展环境提供良好的制度保障。在全球数字经济迅猛发展的大趋势下，数字贸易成为数字经济时代的主要贸易方式，企业所面临的知识产权等风险不断上升，数字贸易规则主导权的争夺也日益激烈。现阶段，WTO 规模逐步扩大到数字经济范围，数字贸易协定谈判进程正在推进，我国政府应成为多边数字贸易治理的建设者和推动者，积极在 WTO 框架下推动数字贸易相关议题谈判，弥合成员分歧，做多边数字贸易体制的坚定拥护者，扩大和深化数字贸易议题上的合作。

行业协会应推动行业层面的标准等的制定，促使企业积极向数字化方向转型。企业应自信地接收数字变革带来的不确定性，积极整合新服务、新技术、新模式、新同盟等所有新生事物，以应对数字化变革产生的各种复杂情况；打造数字时代的全新员工团队，员工不仅要拥有基础计算机网络知识，还要具备创新能力、能接受灵活的工作方式、适应环境变化；建立数字信用联盟，将用户数据视为企业关键业务资产，与联盟成员一同加强企业数据安全，分享使用其运营所需的数据，减少服务故障、保护用户隐私、提升用户体验。

高校需顺应数字经济时代发展趋势，加强大学生数字素养培育，通过建设智慧型校园、开设数字素养类课程，创设大学生数字化生存环境、优化大学生数字时代的知识结构，提高其获取数字信息的能力、进行数字交流的能力、创建数字内容的能力、提升数字安全的能力、解决数字问题的能力，向企业输送具备综合数字能力的高素质人才，为企业提升数字化竞争力奠定基础。

第二节　数字经济视角下实体企业数字化变革的业绩提升效应评估

顺应数字经济时代召唤、更好地推动数字化变革，成为实体企业肩上的新使命与面临的新机遇。在数字经济浪潮下，数字化变革是否有利于实体企业经济效益提升，即其具有业绩提升效应吗？若有，实现路径是怎样的？对于这些问题，学术界尚未得出一致结论。剖析这些问题，对我国实体企业新旧动能转换及高质量发展具有重要意义[①]。

一、相关研究综述

“数字经济”一词可追溯至20世纪90年代，学术界普遍认同其是一种基于信息技术革新驱动的新经济形态。在数字经济中，新兴技术是亮点，数字化变革是重点，实体企业是主战场。

① 吕卫清．施工企业数字化转型升级路径与实践[J]. 施工企业管理，2020(01)：96-98.

实体企业数字化变革作为构成数字经济微观层面的重要内容，以市场中单个经济组织数字化行为及经济后果为考察重点，最能体现数字经济实际运行状况。围绕“数字化变革”话题，学术领域发表了系列文献，按主题不同可分为“数字化变革”的认识、“数字化变革”的经济后果、“数字化变革”的转型路径等。

国家政策话语体系中，数字化变革意为移动互联网、物联网、大数据、云计算、人工智能等与实体企业的深度融合，代表着以数据为驱动要素的新经济形态和产业发展规律。简而言之，就是“新兴数字技术＋实体企业”，蕴含着产业融合、创新驱动、新经济形态等特征。由其内涵可见，数字化变革绝非简单应用网络的行为，而是将数据作为与人、资、地同等重要的新生产要素和创新产出驱动力，通过跨界融合与价值创造，以实现数字技术赋能实体企业，促进高质量发展。

现阶段，关于实体企业数字化变革能否提升企业绩效的参考文献还较少，研究结论也存在较大偏差，部分学者的定性分析持肯定观点，但也有部分研究发现，传统数字化技术应用对企业绩效的影响并不显著。上述差异产生的原因可能在于，后者考察时间较短，未从国家政策语义视角捕捉和理解数字化变革本质，混淆了应用互联网或数字化软件与数字化变革概念。鉴于这一原因，我们有必要重新认识数字化变革对企业业绩的影响。

已有研究表明，实体企业数字化变革可能会通过降本、提效、创新等路径来实现业绩提升目标。第一，数字化变革有利于降低成本。连接、共享、开放等数字技术特征决定了企业去中介化，有助于减少交易各方信息不对称程度，降低信息搜寻、议价签约、监督交易及事后转换等成本。同时，厂商在业务环节融合数字技术，将突破时空限制，在采购、营销、物流中降低资源匹配、渠道运营费用，甚至能以趋零的代价处理客户个性化需求信息，极大地改善以往成本与能耗“双高”问题。第二，数字化变革有利于实体企业提高运营效率。蕴含于新兴数字技术的结构化数据与非结构化信息，打开了数据挖掘空间，企业开始挖掘传统市场外的长尾需求，这可加快客户反应速度，促成产业专业化分工和协同作业，助推企业整体运营效率提高。第三，数字化变革有利于实体企业创新升级。“数字技术 + 产业”阶段，“云 + 网 + 端”信息服务构架不断激发数据和信息要素活力，禁锢于部门内的创新资源与能力得以释放，持续学习、动态协作趋势加强，跨界经营成为商业发展重要路径，新旧业务将在资源、技术、产品、经验、客户等方面深度融合，推动实体企业“乘数”创造效应爆发，为价值发现和价值创造提供增量贡献。

二、数字经济政策演进与实体企业业绩变化

(一) 数字经济政策演进轨迹

数字经济政策经历了由科技政策向产业政策、创新政策转变的渐进演变轨迹，彰显了由点到面、由局部到整体的政策推进过程。总体来看，我国数字经济政策演进可分为三个阶段[①]。

1. 科技政策阶段 (2012—2014 年)

这一阶段，以发布系列科技导向政策为阶段特征，建立了数字技术研发支持机制，实行了推动数字技术应用的方略，为实体企业数字化发展奠定了基础。2012 年发布的《“十二五”国家战略性新兴产业发展规划》开始聚焦物联网、云计算等新兴技术研

① 吴静，张凤，孙翊，朱永彬，刘昌新 . 抗疫情助推我国数字化转型：机遇与挑战 [J]. 中国科学院院刊，2020，35(03)：306-311.

发，强调互联网思维，明确信息化与工业化相融合的发展方向，但相关政策局限于技术实现层面。受政策影响，部分信息业优秀企业深入探索数字技术，尝试“两化”融合。如东阿阿胶集团、海尔集团加大物联网等技术研发力度，深化新一代数字技术应用水平。

2. 产业政策阶段（2015—2016 年）

以持续发布产业导向政策为阶段特征，构建数字技术与产业相融合的模式，谋划以“互联网 + 产业”为核心的实体经济数字化转型方案，初步开启了我国数字经济发展格局。2015 年，《国务院关于积极推进“互联网 +”行动的指导意见》首次提出“互联网 +”的政策语义及 11 项具体行动，涵盖了制造、农业、能源、服务、物流、交通等多个产业。其中，培育新兴业态、助力经济转型被纳入政策范畴。2016 年，《关于推进“互联网 +”智慧能源发展的指导意见》《关于深入实施“互联网 + 流通”行动计划的意见》《关于加快推进“互联网 + 政务服务”工作的指导意见》出台，政策靶向性趋强，直指新一代互联网技术与各产业深度融合的转型路径。在“互联网 +”政策指引下，传统行业“互联网 +”转型呈现百业齐兴局面，三一重工、TCL 集团、中粮集团、万科集团、国电南瑞、顺丰速运、蒙牛乳业、格力集团等企业积极响应，取得了一定成果。

3. 创新政策阶段（2017 年至今）

这一阶段，以创新为导向的数字经济政策持续发力，确立了实体企业数据要素驱动的高质量发展方式，突出了创新在破除旧动能、培育新动能中的引领作用，进一步完善了数字经济顶层设计。2017 年起，《国务院办公厅关于创新管理优化服务培育壮大经济发展新动能加快新旧动能接续转换的意见》等文件要求发挥数据要素创新引擎作用，力促“两高一低”企业向新技术、新产业、新业态、新模式升级。在此背景下，苏宁易购、娃哈哈、川仪股份、力帆股份、中青旅、国际医学、一汽集团、海螺集团、创维集团、新希望等企业锚定数字创新，拓展数字化变革实践方式，打造提质增效的新模式。

可见，数字经济政策的侧重点经历了从早期关注数字技术研发以及应用，到产业数字化，再到全面推进实体企业数字化变革与创新驱动并重的嬗变。其中，2015 年与 2017 年是我国一揽子数字经济新政的关键节点，前者被视为“互联网 +”元年，以科技为导向的数字经济政策向产业层面过渡，特别是 2015 年后密集发布的“互联网 + 产业”政策，在数字信息化基础上提出了更高的要求，释放了强有力的产业数字化信号；后者全面开启了数字经济时代，数据驱动、创新发展成为施策重点，并深入到经济社会的各个领域。2018 年起连续发布的《数据驱动创新发展》文件，深刻改变了实体企业生产和创新方式，推动了我国数字经济创新力及竞争力的不断增强。

（二）实体企业业绩变化

在数字经济政策三阶段演进过程中，数字化变革企业业绩呈趋势性上升。科技政策阶段，“变革”企业总资产收益率与净资产收益率处于低位，分别为 0.05、0.09，成本、效率、创新指标总体表现平平。产业政策阶段，“变革”企业业绩显著提升，2018—2019 年总资产收益率及净资产收益率指标双双增长，分别上升到 0.06 和 0.10，相应企业销售毛利率、成本费用率、资产周转率、创新产出在不同程度上得以优化，数据均值分别增加 7.6 个、-1.0 个、23.2 个、22.7 个百分点。以上数据表明，“变革”企业业绩与数字经济政策走向具有同步性，随后者发展而正向变动。创新政策阶段，业绩向好趋势延续。“变革”企业总资产收益率和净资产收益率分别攀升至0.08、0.12，较上阶段分别增长33.3%、20.0%。销售毛利率增加了3.6%，成本费用率下降了1.0%，资产周转率加快了2.4%，创新产出升高了22.2%。这说明以数据为创新动能的变革活动保证了企业各阶段业绩的持续提升。

三、实证分析与路径评估

根据经济政策传导机理，政策变量是影响市场的主要因素，发挥着方向引领、市场监督、资源协调作用，易引发企业行为的改变。在描述与分析数字经济政策下数字化变革企业存在的业绩提升效应后，其作用程度与影响路径如何，还需通过实证分析来确定。

（一）变量测度与数据来源

本节被解释变量包括测度实体企业整体经济效益的总资产收益率、净资产回报率指标以及衡量具体绩效的成本费用率、销售毛利率、总资产周转率、创新产出等指标，数据来源于Wind、CSMAR数据库。核心解释变量为数字化转型，数据基于46978份临时和定期公告手工整理获得。考虑到研究需要，设置以下控制变量：信息化水平、资产负债率、公司规模、产权性质、上市年龄、成长机会、大股东持股、董事会效率、董事会独立性、两职合一。

(二) 基准回归

为洞悉企业数字化变革带来的经济效应，分别以总资产收益率和净资产回报率作为因变量，以数字化转型为核心代理变量，加入反映信息化水平、公司特征、产权性质、投资机会、治理特征的控制变量进行回归估计。先后采用固定效应和随机效应两种模型回归，并依据 Hausman 检验值，做出最终选择。

两种模型中，数字化转型对企业经济效益有明显的促进作用。固定效应模型下，企业数字化变革对总资产收益率与净资产回报率的影响显著为正，且十分显著，系数分别为 0.009、0.026；随机效应模型下，相应估计系数依旧为正，且十分显著。同时，Hausman 检验结果显示，P 值小于显著性水平，拒绝原假设，固定效应模型优于随机效应模型。总之，在控制理论和文献提及的其他因素后，数字化转型与企业绩效显著正相关，表明数字化变革具有明显的业绩提升效应，能够为实体经济赋能。

由于基准回归可能存在内生性解释变量和因果倒置问题，需进一步采用 IV 工具变量回归和滞后期回归方式对内生性问题进行处理。为解决前一内生问题，选择上期数字化转型数据作为工具变量进行两阶段回归。从 IV 检验结果看（见表 1），F 值大于 10，上期数字化转型指标通过弱工具变量检验，且将该工具变量引入模型再次回归，仍在 5% 和 10% 的水平上与因变量正相关，说明处理内生性解释变量问题后，数字化变革对企业经济效益提升仍有积极作用。对于后者，分别选择滞后一期、两期的数字化转型数据进行回归，其对总资产收益率和净资产回报率的估计系数显著为正，并伴随滞后期数增加而减小，表明数字化变革带来经济收益的正效应会随着时间推移边际递减，原结论较稳健。

表 1

变量	总资产效益率	净资产回报率
数字化转型（IV）	0.007**（2.43）	0.035*（1.70）
观测样本	6036	6036
R^2	0.120	0.047
Cragg-Donald Wald F statistic	66.33	32.22

注 **、* 别代表在 5%、10% 的置信区间显著，Cragg-Donald Wald F statistic 为 F 值。

（三）实现路径评估

为揭示数字化变革经济促进的作用机理，这里以创新、降本、提效为主线，进一步评估企业数字化变革中经济赋能效应的实现路径。从回归结果发现：数字化转型与成本费用率显著负相关（P ≤ 1%），与销售毛利率显著正相关（P ≤ 1%），这表明数字化转型促进了企业降低成本损耗，从微观层面更好地满足了供给侧结构性改革的要求；数字化转型与总资产周转率显著正相关（P ≤ 1%），表明数字化变革促进了企业资产利用效率的提升，有助于破解实体企业“效率难题”；数字化转型与创新产出显著正相关（P ≤ 1%），说明数字化转型有利于企业提升创新水平，实现以创新驱动高质量发展。总的来看，企业数字化赋能效应具体路径在于：降低成本、提升效率以及创新驱动。

四、助推企业数字化变革的国际经验借鉴

2008 年金融危机爆发后，各国立足产业升级与实体经济发

展，纷纷制定了有利于实体企业数字化变革的数字经济战略。比较世界主要发达国家的数字经济政策不难发现，各国通过一系列规划，加快了实体企业数字化战略布局，力争打造数字驱动变革的生态系统，其共性特征有以下几点：

第一，以实体企业为主体，推动数字化转型。美、英、德、法等国数字经济政策中十分重视实体企业这一市场主体，通过设计和运用助推机制，引导和矫正实体企业数字化变革行为。例如，美国的《数字经济议程》强调实体企业是数字经济的重要参与者，政府需要更好地规划和服务于企业数字化转型；英国的《数字英国》和德国的《数字德国 2015》以实体企业数字化转型为战略重点，为数字化强国提供资金扶持、税收优惠、信息共享等支持。

第二，以跨界融合为导向，促进企业效益提升。多数国家将实体企业数字化变革视为占领全球价值链高端与提高经济效益的重要契机，并将其与新一代数字技术的深度融合作为施策要点。例如，美国的《先进制造业国家战略计划》强调“工业互联网”理念，明确加快推动智能技术与传统生产相融的规划，倡议发挥跨界融合优势，通过竞争，提高经济效益；英国的《数字经济战略（2015—2018）》呼吁健全产业融合发展体系，以融合发展谋求产业质量和效益的提升；德国的《2020 高科技战略》涉及“工业 4.0”规划，旨在促进工业生产与数字智能技术的融合，助力跨界经济效益的释放[①]。

第三，以提质增效为路径，探索动能转换之路。为抓住数字化变革机遇，把握实体经济发展及效益提升新趋势，各国纷纷把提质增效作为新旧动能转换动力，推动实体企业迈向中高端水

① 阮国荣．建筑企业数字化建造基础平台开发初探 [J]. 建筑施工，2019，41(04)：694-696.

平。美国的《在数字经济中实现增长与创新》将提质增效作为实体企业数字化转型和增强核心竞争力的主攻方向，主张利用数字化技术提质增效，构筑实体经济发展新动能；英国《数字化战略》、德国的《数字议程（2014—2017）》等也不同程度表达了提质增效在传统产业数字化变革及价值创造中的路径作用。

第四，以大数据和智能化，引领创新驱动发展。研发数字技术、注重数据要素、推动创新发展成为发达国家共识。美国的《探索数字国家：拥抱移动互联网》倡议加大移动互联网、大数据、人工智能等数字技术研发，发挥新技术对实体企业传统业务的升级改造作用，推动企业业态创新；英国的《数字经济法案》关注企业数字化转型中的创新引领优势，对数字技术与实体经济融合过程中的业态创新提出了要求；德国的《数字化战略2025》和法国的《工业新法国2.0》也强调在数字化转型中汇聚数字及跨界力量提高创新水平，催生形成富含价值的新业态、新模式。

五、研究结论与政策建议

通过对我国多地企业数字化变革问题的研究，得到如下结论：第一，受数字经济政策影响，不同行业实体企业开展数字化变革的意愿强烈，表现为数字化变革企业逐年增加且增幅较快。第二，随着数字经济政策推进和企业数字化转型深入，“变革”企业业绩发生积极变化，业绩提升效应凸显，体现为经济效益、运营效率、成本损耗、创新产出呈趋势性、阶段性优化。第三，通过对企业数字化变革业绩提升效应及实现路径的评估发现，数字化变革显著提升了实体企业经济效益，采用工具变量法与滞后期回归法得出的结果依然稳健。进一步的路径评估表明，实体企业基于降本、提效、创新路径实现数字化变革经济效益的提升，与数字经济政策引导方向相吻合。第四，梳理助推企业数字化变革的国际政策发现，以实体企业为主体，以跨界融合为导向，以降本、增效、创新为驱动，成为主要发达国家施策共识，其经验对我国引导、促进实体企业数字化转型具有借鉴意义。

基于上述结论，提出以下几点建议：

第一，加快企业数字化变革步伐，促进数字技术与实体经济深度融合。国际经验表明，在数字化转型中，实体企业是主战场，产业融合是关键。我国应把握新一代信息技术赋能传统行业的机遇，遵循产业发展规律，加强规划引导与政策扶持，创造条件，调动实体企业数字化变革积极性，推动移动互联网、大数据、云计算、人工智能与实体经济的深度交融，放宽融合性产品和业务准入门槛，扩大市场主体平等进入范围，不断释放政策红利，以政策促变革，以变革增效益。

第二，着力降低成本，提升实体企业数字化转型效果。降成本是数字化变革业绩提升的有效路径之一。在实体企业尚未全面转型之前，有必要持续推进“三去一降一补”，化解实体企业数字化变革压力，为降本减负提供良好的外部环境。实体企业要深刻认识到降本路径对企业数字化转型效益实现的重要作用，充分利用数字化洞悉市场信息，去除不必要的中间环节，优化内部流程与资源配置，提高快速响应客户需求的能力，通过降低交易成本和运营成本实现经济效益提升。

第三，推动提质增效，实现企业数字化变革业绩增长。数字化变革过程中，基于大数据形成的运营效率优势，成为业绩提升的新引擎。要持续推进数据要素市场化配置，加快财税、金融等制度改革，形成有利于实体企业提质增效的数字生态系统，为数字化变革企业业绩提升提供良好的条件。实体企业要紧抓数字化转型机遇，深入挖掘大数据的价值，利用数据信息的集成共享特征重构内部业务组合、协同方式和管理层级，探寻专业化、轻量化运营，强化供给质量与效率，以此更好地促进业绩增长。

第四，强化创新驱动，助力数字化变革企业高质量发展。创新作为数字化转型的关键动力，是实体企业新旧动能转换并迈向高质量发展阶段的重要举措。我国应加快建立以信息技术为基础、实体企业为主体、市场为导向的创新体系，推动先进数字技术拓展与应用，实现以中国数字技术驱动“数字中国”建设。同时，数字化变革企业要积极利用数字技术和跨界融合培育新产品、新业态、新动能，探索要素驱动向创新驱动转变之路，打破生产要素配置扭曲障碍，增强数据价值创造，通过改革创新，走在高质量发展前列。

第三节 数字经济下地方金融业转型升级研究

一、对数字经济背景及发展趋势的认识

我国正处于经济结构转型升级和世界新一轮技术革命的交汇时期，资源驱动经济发展的道路已经行不通，经济发展亟待顺应时代潮流。以计算机技术为基础、数字技术为代表的新业态跃上时代舞台。随着数据价值的大幅提升和技术的不断创新，数字经济作为一种新的经济形态，已经成为经济增长的主要动力源泉，成为转型升级的重要驱动力，也是全球新一轮产业竞争的制高点。一方面，中央和各级地方政府持续推出一系列支持政策和措施大力推进数字经济发展；另一方面，各企业也在不断创新数

字技术、推广普及应用[①]。

近年来，移动互联网、大数据、云计算、物联网、人工智能等信息技术的突破和融合发展，促进了数字经济的快速发展。以互联网为代表的数字技术正在加速与经济社会各领域深度融合，已经成为引领经济社会发展的先导力量，也成为了后金融危机时代推动经济社会转型、培育新经济动能、构筑竞争新优势的重要抓手。以“BATJ”为代表的互联网巨头依托强大的技术积累及多年的场景打造，正在逐步改变着金融生态环境，传统金融业态采用单点模式做公司业务的模式将难以长久持续。因此，抢占数字经济的高地，打造依托“大数据场景（产业）＋金融科技风控”的产融协同、相互赋能的竞争实力，谋求转型发展，显得异常迫切。

数字经济时代，社会经济正处于深度转型期。全球产业集中度不断提升，如制造业、钢铁、能源、交通、医药等都在集中，产业迅速升级，行业分工细化，产业链正在拉长，产业链之间又嵌入供应链，这已经改变了企业的竞争形势和态势。现代企业的竞争不再是企业与企业的竞争，而是产业链、生态圈和数据链的竞争。面对数字经济快速发展的大潮流，各大型央企、金融集团迅速应对，积极探索数字化转型升级。中信集团与腾讯共同推进区块链、人工智能、云计算和大数据等技术领域的战略合作，探索实体产业的数字化转型升级路径，以区块链作为底层技术，帮助中信集团打通旗下各产业。各大银行集团加快推动建设“数据驱动型新金融”，以大数据驱动支撑，深度改变了客户选择、风险管理、产品设计、精准营销、资源配置和结构调整模式，极大

① 胡青．企业数字化转型的机制与绩效 [J]. 浙江学刊，2020（02）：146–154.

提高了运营效率。如花旗银行亚太地区，近年来有25%的利润来自于数据挖掘；汇丰银行通过数据挖掘，使贷款产品响应率提高了5倍。

二、当前金融业在数字化浪潮中面临困局和问题

(一) 从资产端来看

资产的形成缺乏顶层政策及行业指引。目前资金投向基本缺乏信贷政策及行业指引，主要基于经验和未必完全真实的财务数据，缺乏透视行业趋势和客户生命周期的战略研究支持等，对未来的风险难以预知，无法计量真实的风险成本。

(二) 从资金端来看

资金来源单一，融资难度加大。金融业态资金主要来自银行，但目前银行各项存款增长乏力甚至面临萎缩，还面临上百万亿级期限错配的资管计划回表压力，未来流动性吃紧成必然趋势。资金市场规模受限、价格上涨、ABS没有资金对接、债券违约等现象频繁出现。地方金融资产、收入及利润规模较小，信用评级较低，导致其融资渠道窄、融资能力受限。

(三) 从风险控制端来看

以资本风险成本为基础的风险定价机制有待建立，核心风控能力建成尚需时日。通过调研发现，绝大多数地方金控和中小城商行基本没有构建计量资本风险成本RAROC的全面风险价值控制和考核体系，目前开展的风险体系建设，缺乏历史违约数据积淀和导入，如不搭建全面管理系统引入外部数据，也可能面临有

骨无肉的尴尬。尤其是随着各业态的发展和大数据智能风控的广泛应用，以科技赋能的智能风控体系的建立已迫在眉睫。

(四) 从竞争态势端来看

差异化定位的核心竞争力还未形成。大型银行集团和股份制银行为生存发展，以风控优势进行客户结构的深化调整，加大对可选资产的深度穿透，将进一步挤压以资产业务为主的传统业态的生存空间；考虑到传统金融高定价以及与银行错位经营的特点，其仍以传统方式继续发展，必走向风险更大的领域，也将对风控能力提出新的更高的挑战。此外，资产及用户获得渠道单一、狭窄，业务突破式发展遭遇瓶颈，金融科技应用尚浅，对利用互联网新兴技术实现向普惠金融市场转型的认识有待加强。

三、对数字经济下金融业发展的建议和意见

信息科技的发展与金融的广泛融合，极大地改造了传统金融，使得传统金融行业在获客渠道、定价管理、风险管理、商业模式上发生了重大变化，甚至是颠覆性的改变，这也将是当前金融业差异化定位和转型升级的重要手段，尤其是地方金融业要主动加快金融科技布局，以消费金融、小微金融和供应链金融为抓手，打造“应用场景＋金融科技”生态圈，借助大数据、智能风控、物联网、区块链等新技术，通过“调整”推动发展格局优化、发展动力转换、发展空间拓展，实现行稳致远。

(一) 数字产业化构建场景风控平台

在数字化产业中选取金融科技公司基于金融涉及“客户、资金、风控、产品”四大关键要素，将立足于在“数字产业化”中

选取优势金融科技公司，以“场景（客户）＋风控＝数字资产”对接资金端搭建合作平台[①]。

（二）产业数字化构建数字化资产对接资金端

以“数字产业化”推动“产业数字化”，将传统产业多层供应链体系进行“四流合一”数字化整合，实现流程可视、风险可视的风控闭环；以数字化的底层资产对接资金端，构建新金融生态环境价值管理闭环。

（三）建设加快普惠金融扩容布局

随着各地数字政务建设的不断推进，逐步获取大量权威的政府及公共事业单位性质数据，并不断向前端场景进行延伸，具有数据权威和场景牵引优势。可围绕电子证照、法人库、个人库、信用库等数据金矿，搭建普惠金融基础设施服务平台，支持垂直细分行业新金融业务创新与孵化，推进小贷、担保、融资租赁、小微金融等业态融合，利用智慧城市建设的交通、医疗、旅游、文化、教育等多个领域推进“场景＋金融”创新服务，共同打造智慧金融服务体系，带动传统金融业态的转型。

（四）加快供应链金融的转型准备和布局

银行业虽经过了半个多世纪的发展，但由于风控理念和模式对该领域的限制，对供应链金融渗透率不到20%，仍有80%的广袤市场空间；且在2009到2014年金融危机期间，全球金融机构大批倒闭，供应链金融总规模逆势增长将近一倍，增速达到同

① 孙杰，高志国，曲文涛．数字化转型推动企业组织创新[J]．中国经贸导刊，2020(01)：72-74.

期 GDP 增速的四倍。

（五）推进消费金融公司的设立

我国经济已经从高速增长转变为高质量增长，消费成为拉动经济增长的最重要的部分。事实上，在过去几年里，我国的零售销售额以两位数的速度增长。我国经济的韧性源于消费者尚未被满足的需求。更重要的是，我国的消费升级是一个长期的趋势，不太可能因为利率上升而偏离轨道，因此，可加快设立消费金融公司。

（六）加快金融科技实力和金融科技风控能力打造步伐

全面对金融科技进行探索，加强与有较强技术实力和运营经验的金融科技公司开展业务合作、场景合作、技术合作，增强核心竞争力。统筹进行金融板块业务系统架构设计，实现前中后台的集成、协同与交互。首先，通过建立统一的数据集市仓、统一的客户身份管理平台和经营分析数据库，实现个人、企业及其他客户组织在整个金融板块的数据共享、调用以及全息画像管理。其次，建立全面风险管理平台、资产路由分发平台和协同营销管理平台，实现全生命周期的资产审查与风险预警，打通各金融业态系统之间的协同交叉营销，以及与资金端的智能化无缝对接。最后，后端打通与 ERP 之间各类数据交互，前端打通与各业务渠道平台交互，建立统一的 API 接口调用。

着手推进风险管理信息系统建设，推动以全面风险管理体系为核心的信息化风控能力建设。借鉴越秀金控在风险管理方面的优秀经验做法，借助金融科技在风险管理方面的成熟技术，结合地方金融发展的需要，研究建立覆盖各业态的风险管理数据库、风险管理信息系统等基础设施，由“人防”转向“机防”；完善风险管理治理架构、风险管理制度及流程体系，实现全流程管控目标；搭建风险偏好体系并建立向下属金融业态传导机制，实现风险偏好组合管理。

第四节　数字化背景下出版产业经济的发展研究

一、出版产业的最新变化

（一）数字出版产业的问题

数字化的出现给我国多个行业带来了很大的改变，而出版业更是为此进行了较大的革新，甚至直接改变了整个产业格局。因此，数字出版就是在数字化背景下诞生的。数字出版一经出现，就立即占取了大部分的市场份额，为其快速发展打下了良好的基础。特别是近几年，苹果、谷歌等各大网站也纷纷看好数字出版，并都推出了自家的文化数字产品。其中，亚马逊、谷歌虽然强势推出产品，但是也降低了一定的市场份额，为其他的数字出版行业创造了机会，这也使广大的用户有了更多与更好的选择。在这种双赢的局面下，更是在这种良性合作的促进下，全球的数字出版迎来了自己的春天。我国的数字出版行业也抓住了这次机会，每年稳定增长的营业额，似乎预示着我国数字产业经济的未来走向。但是，从另一个角度来说，我国数字出版行业也面临着一定的问题，不但生产模式不完善，而且形式方面过于简单，只是依靠传统出版社授权完成。在这种形式与模式下，数字出版商业虽然意识到了此弊端，但是积极性依旧不高，这更是直接导致版权混乱问题，盗版现象频频出现。因此，如果数字出版社不加以规范与防范，长此以往，整个数字出版行业的市场都会失去平衡，更会直接对其未来经济发展造成了严重的影响，无法为经济提供良好保障①。

（二）现存问题探究

现今，数字化背景下的出版行业虽然有更多发展，但是也有一定的弊端。这些好处与问题都是由信息化的发展而带来的。当数字化出版行业在享受网络所带来的好处时，也要面对网络自身的劣势。尤其是网络的开放性，更是给数字出版行业带来了一些问题。首先，关于版权管理的问题。现今，数字出版的主要难题就是版权管理。网络的开放与流通，导致了信息的及时性，很多人在网络论坛、板块上的观点与文章得到了迅速的转载，导致作者无法保证文字版权，给整个数字出版行业带来了很大的冲击，其规范性更受到了挑战。另外，很多网络平台就是利用转发和盗版来获取一些图书和期刊，这一类的网站往往都是比较小和隐蔽的，因此其涉及的范围更大，甚至对其管理难度也直线增加。其次是创新力度不够。数字化出版行业还面临一个大难题就是创新力度不够。无论是哪个时期的出版社，都以内容为主。特别是在现今的数字化时代，人们对创新和新颖知识的渴望更是强烈，甚至强于传统的出版社时期。但是，很多现今的数字出版社并没有意识到人们对独特的文化精神的渴望，很多内容都基本相同，甚至直接照抄，没有一点创新意识。即使有部分网络文学获得了成功，但是大部分存在抄袭现象，这样虽然能一时满足现代读者，

① 尹金，张原．企业数字化转型路径及实践 [J]. 中外企业家，2020(04): 94–95.

但是治标不治本。最后，价值观的偏离化。传统出版文学都是精挑细选，特别是青少年文学，其表现的价值观更是为了引导当代青少年的正确发展，但是网络文学由于网络的特殊性，对青少年的价值观的树立与引导并不明显，甚至有部分作品更是偏离了正确导向。现今，很多网络文学宣传一些黑暗、暴力等内容，对青少年内心产生了很大的影响，更是对整个数字出版的经济发展产生了影响。因此，出版市场需要树立正确的价值导向，此时，选择合理的数字文化产品就显得至关重要了。

二、出版产业应对数字化影响的措施解析

毋庸置疑，数字出版的出现直接改变了整个出版行业的格局，甚至为了迎合其发展，出版行业做出了一系列的变革与调整。因此，数字化的出现对于出版行业的影响是至关重要的。针对这种情况，出版行业应该适应其发展，做出有效调整，主动抓住机遇，以确保自身经济可持续发展。首先，从整体来说，建立完整的出版产业的生态系统。生态系统是每个行业中所不可或缺的，其生态理念更是适应其各个方面，特别是在良性的市场中，经济发展更是迅猛向前。生态理念主要是通过自然系统的情况根据物质能量循环构建出版产业的系统，确保其转型的成功与最大化。其次，从传统的出版行业角度来看。数字化出版的出现对传统的出版造成了很大的冲击与影响，因此对其传统进行革新是必然的趋势。数字出版的出现直接占据了很大的市场份额，传统出版商需要进行有效调整，通过努力提升自身内容，来获得广大用户的认可，提高自身的竞争力；若依旧保持原本观点与理念则很容易被淘汰。特别是在经济快速的发展中，越来越多的传统的出版商因无法适应其发展，最终离开了这个舞台。再次，从数字

出版的创新角度来说。新型的出版方式，需要广大用户的口碑来营造一个良好的发展环境。目前，数字化出版虽然拥有网络的优势，但是也有网络自身的劣势，这使得对其整体的管理难度加大了许多。特别是现今的数字出版，其内容与形式的老旧，创新的不足，甚至盗版的泛滥，都需要出版业的相关部门加强管理，以形成良好的市场秩序。与此同时，数字出版经常要面对一些社会的异样眼光，对其发展造成了一定的影响。因此，只有树立正确的价值观，传播正确的思想与理念，才能确保数字出版的经济可持续发展。

三、数字化背景下出版业的未来发展模式

其实，虽然数字出版已经代替了部分传统出版，但是无法全部代替，出版业的未来发展格局肯定也是由传统出版和数字出版两种共同构建的。这两者都无法互相代替，却又相辅相成，共同构建一个良性的生产产业。因此，构建一个经济可持续发展的数字出版就需要双方的共同努力，其措施主要体现在以下几个方面。

（一）构建产业生态，加强监督管理

传统的出版与数字出版其最大的区别就是版权问题。传统的出版有着实体的版权所有，一旦出现了一些问题，其版权很容易查清负责方，其流程也是一目了然，盗版的行为更是会受到严重的制裁。而数字出版却无法做到传统出版那样，特别是由于整个网络的开放性与混乱性，使得盗版行为频繁发生。其实，无论怎样出版内容与形式都应以创新至上，只有保护好著作者的权益，才能使其不断创造出新的内容，也才有利于促进整个出版业的经

济可持续发展[①]。

(二) 完善产业链，打造低碳经济

完善数字化产业链条，形成低碳经济的数字化产业是确保数字出版发展的有效做法。数字出版产业的链条其实是产业生态下的一个部分，包含了技术、运营、内容等各个方面，将其整合成一条完整有机的链条行业，可以给予广大用户最佳体验。与此同时，数字出版产业链条的完善与成熟是依靠整个行业发展的，无法单独形成，这也是数字出版的一大优势。传统出版的产业链就是极其模糊的，虽然依旧会选择一些固定作者，但是在双方洽谈中浪费了许多时间，导致其进度较慢。针对这个弊端，数字化出版就采用了授权邀约的模式，其效益得到了显著地提高。另外，低碳经济也是目前数字化出版发展研究的一大热点，而数字出版自身就是以低碳形式出现，更是符合了我国未来的发展方向。

(三) 科学行业规范，完善法律法规

数字出版对行业规范和法律法规的完善需求是必不可缺的。数字出版与传统出版不同之处就是数字出版存在于网络之中，借助网络平台，使信息流通和开放更加迅速，具有即时性。但是，这种流通，也造成了管理的困难。有些数字作品传递了一些暴力、黄色等信息，很多用户可能会无意间接触到，这对整个出版行业的市场氛围都造成了不良影响。因此，这些现象的出现需要引起出版行业的高度重视，加大其引导与规范，甚至在必要的时候由国家运用法律来实施强制性规范。与此同时，广大用户对待

① 郭云武 . 中小企业数字化转型双维能力与绩效关系研究 [D]. 杭州：浙江大学，2018.

一些网络信息需要做到科学合理地应用，多传播一些健康与积极地理念与观念，共同创造一个良好的出版市场环境。

(四) 强调创新内容，同时创新形式

无论是对于传统出版还是数字出版来说，创新的内容与形式是其根本。因此，数字出版更要做到内容与形式的双创新。对其内容创新不用多说，但是在形式创新方面，更要利用网络媒介的多样性和丰富化，形成其网络优势，使其内容可通过多种方式来进行传播。例如可以通过微博、知乎、贴吧等论坛与平台，来丰富自己的数字化出版，促进经济的可持续发展。

综上所述，我国数字出版经历了一个曲折复杂的过程，在快速发展的过程中面临着许多挑战。信息时代的数字化大背景在很好地帮助我国数字出版重新构建与革新的同时，也重新激励了我国传统出版的发展。

第五节　数字化背景下我国酒店业的发展策略研究

数字化技术通常所指的是运用1和0两个数字的编码，通过计算机、卫星通信和光缆等现代设备来传达、输送和处理所有信息技术。本节主要从狭义的计算机技术的角度来阐述数字化管理技术。狭义的计算机技术是通过智能统计技术、量化管理技术等多个管理对象的管理行为。酒店数字化管理指在酒店信息技术管理中实现计划、组织、研发、生产、销售、服务等多种职能的管理系统。

数字化管理系统是容易被从业人员学习和掌握的一门信息

技术，信息技术能够客观公正地反映酒店发展的常态现象，比如：常见的酒店电子商务系统、互联网预订系统、酒店管理信息系统等，为住店客人提供个性化的数字信息服务。酒店使用数字化信息管理系统进行管理，有助于企业的服务与销售。数字化技术不仅能凸显它本身的能力水平，还能不断加强酒店应用的创新，增强酒店行业的竞争力，更好地提高酒店业的经济效益和社会效益。

一、数字化酒店在我国发展现状

（一）数字化酒店在我国的发展状况

我国酒店业使用计算机信息技术与其他行业相比相对较晚。从20世纪70年代初至80年代中期信息技术模式基本成熟，功能完善，而其真正大规模应用在酒店中基本是在20世纪90年代，这时酒店中的基本财务和其他业务乃至顾客服务都会由以信息技术为核心的处理手段来完成，信息技术总体发展呈上升势头[①]。

互联网时代下酒店业的发展历经了以下几个阶段：机械化阶段、自动化阶段、网络化阶段、协同智能化阶段。①机械化阶段，计算机系统代替了机械的手工操作系统，操作人员能利用信息技术处理重复、琐碎和简单的日常工作，信息技术提高了酒店的科学管理能力和对顾客的服务质量，同时为企业减少了劳务成本，提高了工作效率；②自动化阶段，主要体现在高标准的自控系统上，如自动排水控制系统、智能监控系统等，信息化为酒店提供了快速传递和高效运行的基础，使酒店整体功能全面提升；

---

① 薛宇飞.数字化酒店统一管理平台的研究与设计[D].吉林大学，2016：20–21.

③网络化阶段，智能型酒店的诞生，互联互通的网络营销模式成为酒店运营的重要经营手段，这种现代的网络运营方式，使服务个性化成为现实；④协同智能化阶段，随着互联网技术的快速发展，互联信息技术结构的转变，逐渐和酒店趋同的业务流程以及组织结构和管理目标之间不断融合，现已成为智能化时代的竞争手段，集成化的应用降低了企业的运营成本、提高了企业运营效率，结合 CRM、SCM、ERP 等电子信息技术，通过智能网络平台建立的信息系统与酒店主体有效连接，使酒店内外部的业务协同发展，助推了酒店业的快速发展。

(二) 数字化酒店在我国发展滞后的原因

1. 管理者信息化知识和认识上的匮乏

目前，相当一部分酒店的管理者专业程度不高，认知能力不够，认为投入大量的成本购买和研发数字化信息系统，短期内见不到明显的成效且会面临成本投入上的风险，因此会故步自封或购买关联度与酒店不高的系统，从而造成更大的损失。

2. 信息技术上的局限性

对于服务行业而言，能否让顾客满意永远是企业经营的宗旨，能否使老顾客成为永久的客人，是衡量一个酒店服务的质量标准，酒店入住率的高低和经济效益是衡量一个企业整体服务优劣和生存发展的根本要素。一家酒店如果使用了信息系统也就意味着这家酒店在信息服务上的开始，目前相当多的酒店在信息技术领域上缺乏熟练的专业服务和管理人员，当系统出现问题时并不能独立完成事故的处理工作，加之作为信息技术的研发人员对酒店行业的业务缺乏深入的了解，从而导致信息技术功能与酒店需求上的错位。

3. 信息系统的不完整性

信息系统的不完整性，导致了酒店各运营部门之间使用独立的信息系统来完成部门之间的业务，如前台的预订系统、宴会的销售系统和财务的统计核算系统等都是部门独立的专业系统，只能提高自身领域的工作效率和管理职能，各系统之间在业务管理和流程上并不能完全有效地协同工作，从而降低了信息系统的高效协同作用。

二、数字化酒店建设的意义

（一）数字化酒店的品牌意义

融入数字化技术，可以将酒店的品牌与酒店自身经营管理模式相结合，彰显独特的酒店品牌文化。例如电子工牌，打造强势的品牌文化，通过在线渠道销售已经成为业界的一种常态。在拓展酒店发展的同时，数字化宣传也提高了酒店的美誉度和品牌的影响力，以及在数字化移动终端的市场占有率。将带有数字化技术的品牌进行传播，可以体现酒店整体的价值观，规范员工行为，提高顾客对于整个酒店的智能化认知，从而吸引客源，加大消费者的消费欲望。

（二）数字化酒店顾客满意度的意义

客户忠诚度是酒店以及企业对客户进行管理及数据收集的重要因素。随着数字化技术的不断加深，数字化技术的线上营销，已越来越成为潮流，酒店可以利用网络提高其曝光率，增强顾客认知度。智能的数字化为顾客提供了多元化、个性化的服务，为顾客建立属于自己的身份，使每位顾客充满归属感。忠诚客户为数字化线上营销提供了极具稳定的销售额，所以，酒店要创新产品类别，加强产品质量，重视客户投诉。此外，数字化线上营销模式具有便捷性、多元性等特点，很多网站在交易成功后会发送短信、电子邮件等来提升顾客信任感，使顾客感到安心，这也是建设数字化酒店与传统零售服务行业的差别，缩短时间，节约成本，满足顾客，提升顾客忠诚度。

(三) 数字化酒店发展的意义

数字化酒店行业具有广泛性和包容性，它可以通过数字化终端服务来自其他国家不同行业的客人，甚至可以满足不同语言的人群，真正做到了包容性，并向客人提供更加个性化服务，酒店行业本身就属于有形服务和无形服务的结合，因此将数字化信息技术与酒店服务体系相结合，必将有利于提高酒店经营管理水平以及服务水平。如客人在前台办理入住时，通过办理一张房卡，可在整个酒店实行一卡通流程，将住宿、餐饮、娱乐、休闲集为一体；再如，客人急需某种物品而又无法脱身时，此时收款台可直接打出账单，减少客人等待的时间，因此，数字化技术对于酒店的发展具有重要意义。

三、数字化背景下我国酒店业的发展策略

(一) 提升数字化技术管理和服务水平

1. 提升数字化技术，转变营销理念

随着数字化技术的迅速普及，各种新的技术平台迎合酒店需要的系统大量涌现，酒店的数字化管理系统也进入了一个快速发展时期。而这一时期也面临着诸多阻碍，主要表现在数字化建设

进程的速度与客户在酒店需求上的不对等性上。存在的问题主要是酒店经营者和消费者在观念与心理上的差距，观念上的差距表现在酒店经营者认为酒店是传统的服务行业，考虑的仅仅是客房的入住率和酒店的整体销售业绩，没能从根本上理解数字化对酒店发展带来的驱动作用和潜在的市场份额。酒店是劳动密集型服务行业，IT是技术密集型行业，不同的市场定位及属性导致了行业间的差异。酒店经营者对数字化理解上的差别和制作酒店系统的科技公司设计方案上的不同，也使得数字化技术在酒店业并没有具体的规范流程，目前国内大部分酒店的信息系统都是引进国外的技术软件。由此在未来的市场竞争中，经营者只有提升酒店的管理理念，强化数字意识，才能在市场竞争中获得长效发展[①]。

2. 提升服务意识和管理水平

当前在新媒体及大数据背景下，新客户群体在不断地增加并逐渐形成依赖的网络时代已经到来，与此同时，酒店业对数字化和电子商务的需求，在参与市场竞争中也就起着至关重要的作用。参与竞争的企业和管理人员的数字化技术水平，以及新媒体背景下的互联网知识能力储备水平也大幅提升，对于员工的整体自身素质和服务能力要求都更加严格，尤其酒店的一些核心部门，像前厅部、人力资源部、财务部以及收益部等，要求由更专业的人员进行信息服务和管理，否则，一旦出现操作流程不规范时，将直接影响下一个客人的入住流程，从而降低工作效率，影响酒店的收入。当然这种挑战不仅局限于对员工的要求，更是对于酒店自身信息系统和管理模式的严峻挑战，如何让酒店管理适应数字化酒店管理模式的发展，是当前酒店业全面发展的机遇和

① 叶华文.油气企业数字化转型发展现状研究[J].无线互联科技，2020，17(04)：137-138.

挑战。

(二) 多维度创新，完善酒店信息系统

加快实体经济建设、科技创新、人才资源协同发展是新的业界发展目标。酒店经营者应该加强技术创新、服务产品创新、产品组合创新等多维度的创新发展模式，使产品质量和服务体系在发展过程中相互影响、相互促进、协同发展。科技创新是实体经济发展的原动力，同时实体经济的发展、转型和升级也为科技创新提供了生存的空间和土壤，使两者在产业发展过程中不断完善。

多元整合酒店系统，协同运作酒店各个部门，加强酒店薄弱环节的技术系统培训，从而将酒店自身管理模式渗透于数字化技术之中，使酒店整体趋于智能模式上的协同发展。同时，酒店在数字化移动终端下，应将实体经济与虚拟经济进行融合，扩增消费群体，改变酒店的经营模式。新背景下酒店应赋予产品更多的展示、体验等诸多功能，如智能 e 房、智能点菜以及智能服务等酒店产品的展示。在数字化技术不断发展的今天，酒店应顺应时代发展的潮流，打破传统经营管理模式，力争在新的科技领域下打造酒店自有的线上平台，发展网络资源，激发市场活力，优化人才结构，从而推动行业变革、效率变革、数字经济变革。

(三) 开展线上营销模式

酒店借用数字化技术，开展线上营销模式，可以从两个方面着手：第一，酒店自身要建立关于本城市独具特色的网站信息，主要包括酒店简介以及酒店产品更新以及酒店客户档案等，使客户对其酒店自身有整体了解，提高网站的应用性，不能停留在酒

店介绍上，可以设计一个专栏，例如，里面将与酒店有合作的线上网站平台进行铺列，并且提供本网站的进入方式或者链接，可以自动跳转，增强客户的消费信心。第二，拓展酒店合作平台，专门设置预订网站，将酒店产品以实际优惠于线下的价格展示于此平台上，提高酒店整体入住率，扩大酒店客户群，提升酒店知名度，从而增加酒店收入。例如，速8酒店注重设计自己本品牌的酒店网站，通过搜索引擎推广：百度、搜狐等2000余家多方网站机构，直接运用数字化技术，将各大网站链接运用于速8酒店的平台，从而运用网络缩短了与其客人的直接接触，提高了预订效率。再如，上海洲际酒店的“优悦会”专门成立自己的网络论坛，打造与洲际集团旗下具有名牌标识的网站论坛，使顾客可以直接在网站上进行选择购买、点评等项目，提高顾客购买率，加强品牌认知度。

第六节　基于数字化背景下旅游系统创新研究

随着旅游业的不断发展，旅游方式的多样化，游客群体的大众化、小资化，尤其是私家车普及化，人们逐渐由传统的跟团旅游，转向于个人自驾旅游。景区传统的旅游服务已经无法满足游客个性化需求。信息技术迅猛发展，互联网时代的到来，推动旅游业加快与信息技术融合发展，为景区从传统服务业向现代智慧服务业转变提供技术可行性。在此大背景下，旅游局对景区未来发展提出了建设以融合的通信与信息技术为基础，以游客互动体验为中心，以一体化的行业信息管理为保障，以激励产业创新、促进产业结构升级为特色，以游客为本、网络支撑、感知互动和高效服务的“智慧景区”[①]的发展推导。

电子信息技术及互联网络平台在旅游行业的不断普及发展，已经彻底颠覆了我们的生活，旅游服务也从传统的大众媒体展示宣传升级到了数字信息化智能个性化服务阶段，互联网的飞速发展，旅游的预消费特性和网络的实时高效性简直是“天作之合”，特别是近几年旅游电子商务技术的应用，彻底打通了旅游消费者和旅游目的地之间信息不对称的鸿沟，这使得旅游信息的运转突破了时间和空间的限制，使旅游消费者可以通过互联网上的旅游网站更方便、直观地接触到旅游产品，成为人们出门旅游必不可少的旅游工具。旅游电子商务系统也已成为智慧景区背景下实现游客个性服务的一个重要平台。

一、智慧化景区建设概况

我国智慧化旅游建设的工作可以追溯到20世纪90年代中期，那时许多景区已经初步建成了智慧景区基本架构，包括信息基础设施、数据基础设施、共享服务平台。目前国内景区的游憩方式仍然是以游览观光为主、休闲度假为辅。如何针对日益增长的游客需求和不同类型的游客，与游客进行充分的互动，并为其提供更全方位、更便捷、更智能的个性旅游服务，是我国在挖掘深度旅游方面亟须解决的问题。

各景区的旅游电子商务平台目前主要分为三大功能模块，即旅游管理、旅游营销和旅游服务。这三大模块中，旅游管理与旅游营销是景区建设的基础，是实现景区精细化服务的基本前提与重要保障，旅游服务是景区建设的最终目的，从某种意义上说只

① 王竹青，孙丽华．大数据背景下企业集团数字化转型的建设与实践[J]. 商业会计，2020(03)：104–106.

有服务于游客的信息化应用才是智慧旅游景区。但目前多数功能是针对景区管理与展示建立的，面向游客服务的应用占总系统的比例相对较少且作用有限，因此，需要针对当前发展的主要趋势和现实需求，加大游客服务导向应用系统的发展力度，构建以满足游客个性化服务为出发点规划景区的信息体系。

二、个性化服务系统构架

个性化服务，始于现代营销理念，是相对于一般性（标准性）服务而言的，主要是指为顾客提供有个性特点的差异性服务。关于游客个性化服务的研究应用在国外已经很成熟，受国内旅游现状的影响和制约，我国在景区游客个性化服务的研究应用方面尚处于开始阶段。改革开放以来，我国国内旅游发展迅速，覆盖面广，总的说来处于低消费、大众化、低水平阶段，绝大部分属于观光旅游，即走马观花式的参观型旅游，高消费、高水平的享受型旅游很少，因此各景区对于建设游客个性服务系统都未给予足够的重视，在此方面的研究也较少，现有的研究主要集中在游客个性化导游、酒店饭店的个性化服务、导游的个性化服务及技术层面的旅游网站个性化服务，针对整体的个性化服务体系的研究是几乎没有的。本节将以旅游电子商务为切入点，将技术导向与应用需求导向有机结合，提出智慧景区游客个性服务系统基本框架，以期为旅游目的地在智慧景区规划建设中提供一定的参考。

基于旅游电子商务平台的智慧景区游客个性服务系统总体架构可以分为三个层次，第一层为数据管理与服务层，主要包括数据仓库与数据挖掘；第二层为应用显示层，主要是具体的前端客户使用的功能模块；第三层为整个系统的支撑层，主要是旅游电子商务平台。

(一) 数据管理与服务层

数据管理与服务层分为数据仓库与挖掘，是整个系统的数据基础。为游客提供个性化服务的各功能都是建立在基础数据库以及具体的业务数据库的基础上的，数据仓库技术就是对所有数据库进行分类管理的一种技术，景区数据库主要有 GIS 空间数据（属性数据库、栅格数据与矢量数据库、资源数据）以及面向一些具体应用业务部门的主题数据库，如票务系统管理、酒店客房预订系统等。通过数据仓库，可在数据集成管理的基础上，借助云计算技术，实现应用系统的数据信息共享与云计算服务。

数据挖掘是从来源不同的、各专题业务系统的数据中提取出潜在游客的个人信息，然后经过抽取（Extraction）、转换（Transformation）和装载（Load），即 ETL 过程，合并到一个平台级的数据仓库里，并借助于数据挖掘工具，对客户的行为和兴趣爱好进行分析，进而形成不同类型的旅游服务方案。只有在集合游客的实际旅游爱好，对最佳的旅游项目及其目的地进行整合推荐之后，才能尽可能地满足游客的个性化服务。

(二) 应用显示层

个性化服务系统强调的是游客信息需求的个体差异化服务，对旅游电子商务平台的功能框架来说，也就是要求其能够满足景区游客的个性化信息需求。一个完整的旅游过程可以划分为游览前、游览中、游览后三个不同阶段，因此基于电子商务平台的智慧景区游客个性服务系统基本功能框架基本分为游览前、游览中和游览后。

游览前：一是景区旅游信息。通过旅游电子商务平台实时提供给游客景区信息，主要包括游客量、客源信息、旅游行程、精细数字地图、天气、GIS 地图、旅游线路图、服务设施分布图等信息。二是电子预订系统。可以通过旅游电子商务平台实现吃、住、行、游、购、娱所有环节的电子预订，提供多种支付方式，包括微信红包、支付宝之类的非传统支付方式。

游览中：一是移动数字地图导览服务。二是人工客服服务系统。以人工电话客服系统，实时为游客旅游信息咨询提供服务，体现人性化服务。同时也针对游客的投诉，完善旅游服务管理系统。三是电子票务系统。通过旅游电子商务平台预订购买景区门票、酒店以及交通票务，并且可以通过二维码扫描现实自动检票。四是免费 Wi-Fi 注册验证系统。通过旅游电子商务网站平台，对游客实施免费 Wi-Fi 短信认证或微信认证，一方面可增加景区公众微信关注，大大提高 Wi-Fi 建设的回报收益。另一方面相对传统广告平台，Wi-Fi 平台指向性更好、针对性更强、客户黏度更高，可以显著提高景区的营销能力，同时降低营销成本。

游览后：一是客户回访服务，游客可以根据自己游览的情况，借助旅游营销网络平台，对该景区的管理与服务工作给出评价，提出宝贵的意见和建议；二是客户体验发布系统，提供游客相互交流旅游体验的场所，包括论坛、图片、游记、攻略等，可以设置特定的讨论专题，来广泛地收集各种意见，接受各种反馈信息，及时改进服务。

（三）支撑层

旅游电子商务平台是基于 SOA 的统一集成共享服务平台，平台采用 B/S 架构，通过网络通信技术，可以充分地运用各种分散的服务器、设备，将各个系统孤岛统一整合到一个平台上，形成云数据库，及时为游客提供开放、个性的旅游信息，同时可以将游客信息及时反馈到后台服务器中，通过数据挖掘获得潜在客户的喜好，并将客户最感兴趣的旅游信息加以推荐，使游客获得高质量的旅游路线，满足游客的个性化需求。

旅游电子商务平台作为系统的支撑层，支撑整个个性化服务系统，是整个系统的核心，通过无线、有线网络传输，接入数据管理与服务层获取信息资源，实现前端应用显示层各个功能的开展。

平台采用基于面向服务架构（Service-Oriented Architecture, SOA），实现数据库信息共享，屏蔽不同应用系统的技术细节差异，整合现有各个应用系统，提供核心业务服务；让 IT 与业务无缝对齐，极大地提升业务适用性，打破技术壁垒与信息孤岛。网络传输层包括移动通信网、国际互联网、企业内部网、各类专网、小型局域网等网络，用于数据发布、共享、交换、服务等。

游客通过手机、电脑等设备访问应用显示层，根据自己的喜好发出获取相关信息的请求，平台可以根据请求调用数据仓库中的各个数据库服务器中的信息，并及时反馈给游客。同时旅游电子商务平台利用潜在游客的访问记录，收集并掌握游客的喜好转变，保证旅游信息的实时性与有效性，将游客的相关知识传输游客信息数据库中，为旅游大数据挖掘提供数据支持。通过挖掘游客对旅游线路和目的地的访问情况并进行综合性的分析，在此基础上合理配置旅游资源，提供并满足个性化的旅游服务，全面推动旅游行业的飞速发展。

第七节 数字化对我国农业经济发展的影响

农业是我国的基础产业，因此要大力培育农业发展新动能，实现建设现代农业的目标任务。农业信息化、数字化是农业现代化的重要标志，随着我国农村人口大规模向城市流动，农业劳动力逐步减少，农业产业供给侧结构性改革持续推进，加大农业信息化、数字化建设对农业经济发展意义重大。

一、数字化背景下农业发展的内涵与特点

（一）农业生产专业化、规模化、企业化

利用网络大数据平台，能够实现农业生产多层次的专业化，这主要表现为地区专业化、工艺专业化和农场专业化，如南稻北麦、南甘北甜、东牧西耕等。同时，因地、因时制宜地进行大规模种植，可以实现专业化和规模化的有效结合，形成专业化生产、规模化经营、企业化管理的现代农业生产模式。

（二）农业生产体系完善

数字化信息共享使得农业生产体系前后紧密衔接，包括农业资源的生产与供应、农产品的加工和储存以及农业商品的运输与销售等，进而使整个农业生产体系各部分分工明确，合作互助，生产流程高效而有序。同时，政府和社会对农业生产的政策扶持、资金投入、教育科研、宣传推广等，更为农业现代化发展提供了强大的推动力。

(三) 农业信息建设复杂化、长期性

由于农业包含的信息量大、涉及广泛，而且农业生产中既有自然方面的再生产，也有经济方面的再生产，使得农业信息数据建设比较复杂。而且农业生产不是一蹴而就的，农业经济建设更是一项长期工程，因此，农业信息化建设必须根据我国不断改进的农业生产结构和社会信息化数字化技术水平的发展而不断优化改善。此外，我国农业生产人员大多数文化水平不高，熟练掌握信息技术的较少，因此在全国范围内普及农业信息化将是一项长期建设工程①。

(四) 农业信息要求高、难度大

我国地域辽阔，人口众多，农业产业类型多样化程度高，包括生态、立体、有机、集约、灌溉等农业类型，再加上不同地域划分，使得我国农业产业类型多、分布广。不同产业类型对于信息的要求不同，因此，因地制宜的建设多样化、专业化的信息平台有一定困难，制约了我国农业信息化普及。

二、基于 SWOT 模型分析数字化对农业经济发展的影响

SWOT 模型是一种分析方法，又称态势分析法，20 世纪 80 年代兴起于美国，主要是通过分析目标对象的优势和劣势，外部环境的机会与威胁，根据分析对象自身资源与外部环境的有机结合构造 SWOT 矩阵，将各种因素按影响程度顺序排列，以进行正确的战略制定和实施。这种分析方法具有结构化和系统化的

---

① 朱佳佳 . 创新生态系统视角下跨境电商平台评价研究 [D]. 石家庄：河北经贸大学，2020.

特征，对于分析数字化背景下农业经济规划和发展具有较高可行性。

(一)优势分析

1. 数字化可以优化农业经济结构

市场需求推动农业结构调整。近年来，随着我国农业供需矛盾突出，为更好更快实现我国农业现代化目标，优化农业经济结构成为一大重要举措。但是，由于我国农村地区较为落后，信息闭塞，农民没有掌握信息化技术，不能及时根据市场供需关系调整种植结构，进而使得农业生产结构处于不合理状态，农民丧失获利机会，难以促进农业经济发展。而数字化技术则可以解决这一问题，通过建立农业信息交流共享平台，可使农民及时获取市场信息，根据需求调整产品结构，实现资源优化配置。如建立专家数据库，可以帮助农民找到最适合的生产种植方案，提供个性化信息服务。数字化技术对于我国优化农业经济结构和产业布局，建立现代农业具有很大优势。

2. 数字化可以完善农业服务体系

(1) 农业信息化、数据化可以提高农业机械性能与技术水平，提高农业生产效率，如北斗导航可以精确定位农机和农田位置，使农机操作高效准确，节省人力。

(2) 信息化平台可以提高我国农技推广部门服务质量和办事效率，改变以往由专家下乡教授技术、时间有限人力有限、农民难以真正学到知识的状况，打造网络技术推广平台，使农民可以随时随地向专家咨询，提高农业生产力。

(3) 农业信息体系有助于创建公平公正的市场环境，通过大数据网络监督，提高市场管理水平，保证产品质量和农民利益，促进农业经济高质量发展。

3. 数字化可以提高农民收入

数字化发展催生大量新兴农业产业经营主体，增产增效，促进我国农业发展。例如，农业电商平台的建立，可促使农产品流入市场，避免农产品销售薄弱、价格挤压而导致农民利益受损的情况，提高农民收入。农业发展经常受限于设备落后、生产规模小的问题，而农民通过信息化平台获得技术支撑，能够扩大种植规模，掌握先进农业机械应用技术，提升种植产量，获得规模效益，进而促进农业经济发展。

（二）劣势分析

1. 专业化人才缺乏

我国作为农业大国，长久以来却没有跻身世界先进农业强国行列，原因在于我国始终走的是传统农业生产道路，对于农业领域的专业培养没有太大投入，致使农民素质水平整体偏低，缺乏专业化人才，使农业数字化、信息化建设有很大的困难，对实现农业现代化也有一定阻碍。

2. 耕地面积减少

此前，我国对于耕地监管不严，导致各类违规建筑占用大量耕地，使农业生产面临严峻挑战。虽然目前我国已经加大监管力度，建立严格耕地保护制度和耕地产出动态平衡制度，实行退耕工程，但耕地面积仍呈现减少趋势。耕地压力大，导致农业信息平台建设得不到有效实践，得不出真实数据，建设不出高质量信息数据平台，进而影响农业经济发展。

3. 环境污染严重

随着经济的发展，环境污染日益严重，尤其是土地污染。大量不正当使用化肥农药以及垃圾、重金属、化合物侵蚀等，都造成了严重的土地污染，致使农业生产无法实现规模化、集约化，阻碍了数字农业的建设与形成，制约了农业经济发展。

（三）机会分析

1. 数字化可以提升农业企业品牌效益

大型农业企业是带动我国农业经济发展的重要力量，但由于农业企业多年来生产经营单一、技术实力不强、信息掌握不及时以及品牌效益不佳等问题，很难走出国门、走向世界。数字化平台则是一个很好的机会，借助平台，能够提高企业对市场信息的敏感度和把握度，适时调整生产经营规模，增强实力，打造国际知名品牌，提升企业软实力。

2. 数字化可以打造高效农业生态圈

数字化发展带来的商业模式创新可推动数字农业生态圈建设，使农业经济由原来一对一的供应商（农民）—销售商—零售商—消费者等传统商品交易合作模式转变成供应商（农民）、销售商和顾客于一体的生态伙伴集群，打造数字化高效农业生态圈，使农业生产者更加准确把握市场供需，从而实现农业供给与市场需求精准对接，推动农业经济发展。

（四）挑战分析

1. 农业技术发展的新要求

数字化时代机遇与挑战并存，农业数据信息化固然能带来种种益处，但也对农业技术水平提出了更高要求。数字农业要求技术人员将地理遥感信息系统、北斗定位系统、计算机通信技术、自动化技术等高新技术与农业学、地理学、植物学、生态学、土壤学等理论学科联系起来，促使信息技术为农业生产带来便利，进而促进农业经济发展。但如果技术水平达不到信息化农业要求，则会导致农业生产落后，无法满足国民需求。

2. 农业产业结构的新思路

数字化发展要求改变传统农业生产结构和发展方式，借助科技力量大力发展新型农业、现代化农业，建立产、供、销三大结构有效衔接，通过第一、二、三产业融合发展的方式，促进农业稳定均衡前进。固守传统农业生产结构和发展方式，只会让我国农业水平与世界水平差距越来越大，使我国经济发展滞后。

三、利用数字化促进农业经济发展的对策

(一) 加强信息建设，培养专业人才

想要真正实现数字化、信息化对农业经济发展的促进作用，就应加强农业农村信息化建设，尤其是基础设施建设，加快农村网络基础设施建设，真正实现“村村通”，使网络工程覆盖我国乡村。对于边远贫困地区因物流渠道匮乏而使农产品滞销的问题，可以通过加强信息化建设，打造农业电商平台，提高流动效率来解决。国家和社会要积极培养农业领域专业人才，并以政策扶持、资金投入、资源倾斜、补贴奖励等形式鼓励农业人才积极投身我国农业事业，促进农业发展，同时也要注意加强对农民进行农业生产实用知识教育培训。

(二) 加大资金投入，提高农业信息水平

要想建立体制完善、规模有序的农业数据化信息平台，势必要加大资源倾斜，完善投入机制，形成稳定投资渠道。政府需要

主动提供政策帮扶：①财政部门可建立农业数据信息化平台专用款项，支持数字农业工作开展，推动农业现代化；②农业部门需要积极争取社会支持，通过宣传农业信息化的发展前景，调动社会力量。政府、社会和农业三者有机组合，才能保证农业经济稳定高效发展，从而逐步形成政府力量引导下的多元化投资主体与高效有序的市场运行相结合的良好构型，共同推动农业信息平台建立，提高农业信息水平，实现农业现代化，发展农业经济。

（三）加强制度建设，构建数据共享平台

数字化时代最主要的特征就是数据开放共享，对于农业市场来说，就是可以有效获取信息，避免市场供需失衡，减少决策失误导致农民利益受损情况，提升农业竞争力，进而促进农业经济发展。对此，政府应尽快建立健全完善的农业信息化制度体系，有效组织数据收集、大数据平台建设、信息汇总和信息发布等工作，推动国家实现农业数据信息资源共享、互联互通、合作共进，建立共享、开放、有序的农业数据信息平台[①]。

（四）打造数字农业示范区，提高技术应用

党的十九大报告明确指出，要建设“数字中国”，而农业又是我国的基础产业，因此，“数字中国”构想下的“数字农业”成为首要实现的目标。我国于2017年开始实行数字农业工程，极大地提高了农业信息化水平，促进了农业经济发展。通过打造数字农业示范区，可提高农业信息应用水平，增强带动效应，例如，在山东省青岛市胶州市建成的“山东·半岛田园综合体”，

① 张治军．工业化与信息化融合对产业结构转型升级的影响研究[D].郑州：河南财经政法大学，2020.

作为现代数字农业重点示范区，集聚智慧农业产业群，帮助农产品无障碍直供至高端市场，通过数据信息系统实现农业全产业链管理，提高了农产品附加值，满足了客户需求，提升了产品品牌知名度和市场认可度，促进了当地农业经济发展。因此，政府要积极申请建设当地数字农业示范区，同时提高本地农业信息技术水平，加强应用先进技术和设备，提高农业生产效率。

（五）推动农业全产业链融合，完善生产体系

数字化平台是一个无障碍共享平台，需要农业全产业互联互通，互助协作。因此，要推动农业全产业融合，从农资供应，到农产品加工，再到产品运输销售，各部门各产业都要积极合作，共享信息，同时以大数据、云计算等信息技术推动产业融合，在各地试点建设生态园区、智慧农场、智能加工车间等，帮助完善农业生产体系，适应数字化时代要求，促进农业经济发展。

数字化时代的迅猛发展对农业经济发展来说，既是机遇，又是挑战，影响和意义更是不容小觑。因此，要抓住新型农业发展机遇，应对农业信息化水平不高、人才不足的挑战，争取早日实现农业现代化，促进农业经济进一步发展。

结束语

随着全球信息化的飞速发展，数字经济在国民经济中的比重不断增加，重要性越来越突出。为顺应时代潮流，当务之急是要推动数字转型，通过发展数字企业，加快发展数字经济。企业的数字化变革与转型主要因素有以下三点：

1. 企业数字转型是数字经济发展的关键

量变一定会带来质变。目前信息技术在经济社会发展中的作用，已经从提升效率和劳动生产率的辅助角色，快速演变为基础创新和创造的赋能者，成为支持经济社会创新发展的主要角色。发展数字经济，必须大力培育数字企业，但数字企业并非从天而降，而是由推动现有企业实现数字转型而成。数字转型与数字化转型，不是一个概念，前者强调的是企业商业模式的转型，而后者强调的则是企业运行模式的转型。就好比任何商业模式都有可能数字化，但是，数字化的商业模式并不等于数字商业模式。如果我们将二者混为一谈，我们可能就错失了数字转型的机遇。

2. “大智物云”是企业实现数字转型的技术基础

当前，信息化的发展进入了一个全新的时代，“大智物云”（大数据、人工智能、全球物联网、云计算）成为新一代信息化的四大技术基础。其中，人工智能是智能化的目标技术，科学技术含量比较高；大数据和云计算是信息化普及应用的主要技术手段；而全球物联网（包括现在快速发展的5G移动通信技术）则是最具广泛性的基础应用和切入点，是“大、云、智”赖以进一步发展的应用基础。四大技术的发展，正在重构全球一体化的“计算”架构体系；相应地，也正在重构基于云计算、雾计算和边缘计算的全球网络结构。全球物联网的任何一个终端，即人、机、物，都将成为这个全球计算架构体系的“分子”，而“计算”和“智能”将从“分子”开始。在这个架构体系下，计算、数据、智能将无所不在。

这四大技术中，特别值得企业关注的是全球物联网的发展。人、机、物都要接入物联网，意味着全球任何有联网意义的产品和服务都必须具有信息感知、智能计算、自动识别和联网的功能。换而言之，全球每一个生产有联网意义产品的企业家，都必须考虑自己产品的数字化、网络化、智能化改造问题，也就是企业实现数字转型、改造成为数字企业的问题。全球物联网正是企业实现数字转型最好的抓手。拒绝数字转型的企业无疑将在数字大潮的竞争中被淘汰出局。

一个非数字企业改造为数字企业的过程，就是这个企业实现数字转型的过程。其中，最重要的是企业商业模式的转型，即由传统商业模式转变为数字商业模式。与之相应，企业的运行模式也必须转型为数字运行模式，即基于计算机和计算机网络的运行模式。商业模式和运行模式的转型，必然导致企业人才结构和核心技能的转型，即数字技能和人才将成为企业的核心竞争力。数字转型是18世纪工业革命以来企业面临的最为艰巨和严峻的挑战，是每一个企业的生死存亡之战。

3. 物联网的发展为我国企业数字转型提供机遇

企业的数字化、网络化、智能化发展，是我国信息化发展中最薄弱的一环，很多中小企业尚处于信息化绿洲环绕的沙漠之中。在当前新一代信息化的四大技术基础中，并不是每个企业都有能力去问鼎大数据、云计算或人工智能等技术的创新发展。工业互联网，是企业（特别是大型或超大型制造企业）构建基于“大智物云”、全球一体化的信息系统发展所追求的企业信息化的高端目标，这远非大多数中国企业近期力所能及。但是，每一个企业都有可能在全球物联网、数字经济中，找到自己的一席之地。

任何一个企业，都应该将目光关注于物联网的发展需求，不失时机地找到自己的发展定位，以此作为企业数字转型的抓手，一步一步地推进企业的产品走向数字化、网络化、智能化，并向着成为一个新型的数字企业发展。

参考文献

[1] 徐晨，吴大华，唐兴伦．数字经济新经济新治理新发展[M]. 北京：经济日报出版社，2017.

[2] 王振．2018 全球数字经济竞争力发展报告 [M]. 北京：社会科学文献出版社，2018.

[3] 高晓璐，成卓，刘国艳．面向大数据时代的数字经济发展举措研究 [M]. 北京：人民出版社，2019.

[4] 金江军．数字经济引领高质量发展 [M]. 北京：中信出版集团，2019.

[5] 朱晓明．走向数字经济 [M]. 上海：上海交通大学出版社，2018.

[6] 黄如花．数字信息资源开放存取 [M]. 武汉：武汉大学出版社，2017.

[7] 李艺铭，安晖．数字经济新时代再起航 [M]. 北京：人民邮电出版社，2017.

[8] 潘善琳，黄劲松．中国企业的数字化商务实践案例 [M]. 北京：清华大学出版社，2015.

[9] 韩建国．企业数字化管理工程 [M]. 北京：机械工业出版社，2017.

[10] 用友网络科技股份有限公司．企业数字化目标、路径与实践 [M]. 北京：中信出版社，2019.

[11] 王保育，李纪华，吴筱瑛．企业数字化转型架构互联网

+时代的创新技术与实践 [M]. 北京：电子工业出版社，2015.
[12] 吴峰 . 企业数字化学习 [M]. 北京大学出版社，2011.
[13] 皮埃尔 - 让 · 邦高奇 . 数字化企业设计和管理 [M]. 北京：航空工业出版社，2018.
[14] 阮闯 . 企业大脑人工智能时代的全数字化转型 [M]. 北京：经济管理出版社，2017.
[15] 高山渊 . 企业数字化基石 [M]. 北京：电子工业出版社，2019.
[16] 刁柏青，孟祥君，刘建 . 企业数字化运营研究与实践 [M]. 北京：中国电力出版社，2019.
[17] 石姝莉 . 出版企业数字化转型研究 [M]. 沈阳：辽宁大学出版社，2017.
[18] 姚乐，李红，王甲佳 . 互联网+时代的数字化转型 [M]. 北京：电子工业出版社，2017.
[19] 曾光伟 . 基于成熟度模型的传统零售企业数字化转型研究 [D]. 长沙：湖南大学，2019.
[20] 林思颖 . 文化传媒企业盈利模式研究 [D]. 昆明：云南财经大学，2020.
[21] 闪菲雅 . "互联网+" 对制造业转型升级的影响研究 [D]. 郑州：河南财经政法大学，2020.
[22] 刘梦晨 . 创新开放度对企业动态创新能力的影响研究 [D]. 郑州：河南财经政法大学，2020.
[23] 王丹洋 . 数字经济下关于我国税收征管的探讨 [D]. 石家庄：河北经贸大学，2020.
[24] 陈鑫坤 . 我国电子商务税收征管研究 [D]. 石家庄：河北

经贸大学，2020.

[25] 王佳淏．“互联网 +”背景下城乡商贸流通一体化研究 [D]. 石家庄：河北经贸大学，2020.

[26] 朱佳佳．创新生态系统视角下跨境电商平台评价研究 [D]. 石家庄：河北经贸大学，2020.

[27] 张治军．工业化与信息化融合对产业结构转型升级的影响研究 [D]. 郑州：河南财经政法大学，2020.

[28] 翟增瑞．人工智能在司法实践中的应用和反思 [D]. 石家庄：河北经贸大学，2020.

[29] 梁艳．互联网企业数据资产价值评估 [D]. 石家庄：河北经贸大学，2020.

[30] 郭洁．智慧城市建设对城市交通拥堵改善的影响研究 [D]. 成都：电子科技大学，2020.

[31] 董佩佩．我国 C2C 电子商务税收征管问题研究 [D]. 石家庄：河北经贸大学，2020.

[32] 阚艳秋．基于定性比较分析的我国智慧城市建设成效影响因素研究 [D]. 成都：电子科技大学，2020.

[33] 刘婉．制造企业数字化转型模式及其适应性能力研究 [D]. 杭州：杭州电子科技大学，2019.

[34] 陈芳．中国数字经济发展质量及其影响因素研究 [D]. 杭州：杭州电子科技大学，2019.

[35] 翁烨．营销 4.0 时代 WL 新能源汽车的新营销策略 [D]. 上海：上海外国语大学，2020.

[36] 杜庆昊．中国数字经济协同治理研究 [D]. 北京：中共中央党校，2019.

[37] 崔森．服务型企业数字化转型的影响因素研究 [D]. 长

春：长春工业大学，2015.
[38] 阮玉顺 . 中央级出版企业数字化转型升级实现策略研究 [D]. 北京：北京印刷学院，2015.
[39] 张学会 . 传统出版企业数字化转型研究 [D]. 北京：北京印刷学院，2017.
[40] 王秦川 . 互联网金融中的信息技术的运用 [D]. 北京：对外经济贸易大学，2016.
[41] 郭云武 . 中小企业数字化转型双维能力与绩效关系研究 [D]. 杭州：浙江大学，2018.
[42] 范禄荣 . 中小出版企业数字化发展战略探究 [D]. 北京：北京印刷学院，2014.
[43] 上云、用数、赋智促进数字化转型 [J]. 软件和集成电路，2020(06)：26-27.
[44] 于朝晖 . 数字经济时代企业数字化转型未来可期 [J]. 网信军民融合，2020(05)：28-29.
[45] 汪怡迪 . 互联网背景下服装企业数字化转型研究 [J]. 浙江纺织服装职业技术学院学报，2020，19(03)：55-58.
[46] 陈畴镛，许敬涵 . 制造企业数字化转型能力评价体系及应用 [J]. 科技管理研究，2020，40(11)：46-51.
[47] 陈勇 . 烟草企业数字化转型的探索研究 [J]. 现代工业经济和信息化，2020，10(05)：73-74.
[48] 陈虎，郭奕 . 财务数字基建赋能企业转型 [J]. 财会月刊，2020(13)：15-21.
[49] 于腾，周佩 . 中小企业数字化转型的必然性及转型策略 [J]. 中小企业管理与科技（上旬刊)，2020(05)：132-133.
[50] 孙鹏宇 . 浅谈制造业企业在数字化转型中的“危”与

"机" [J]. 财务管理研究，2020(06)：41-44.

[51] 吕卫清 . 施工企业数字化转型升级路径与实践 [J]. 施工企业管理，2020(01)：96-98.

[52] 吴静，张凤，孙翊，朱永彬，刘昌新 . 抗疫情助推我国数字化转型：机遇与挑战 [J]. 中国科学院院刊，2020，35(03)：306-311.

[53] 本刊编辑部 . 建筑业企业的数字化转型升级之路 [J]. 中国建设信息化，2020(02)：16-20.

[54] 胡青 . 企业数字化转型的机制与绩效 [J]. 浙江学刊，2020(02)：146-154.

[55] 孙杰，高志国，曲文涛 . 数字化转型推动企业组织创新 [J]. 中国经贸导刊，2020(01)：72-74.

[56] 尹金，张原 . 企业数字化转型路径及实践 [J]. 中外企业家，2020(04)：94-95.

[57] 叶华文 . 油气企业数字化转型发展现状研究 [J]. 无线互联科技，2020，17(04)：137-138.

[58] 王竹青，孙丽华 . 大数据背景下企业集团数字化转型的建设与实践 [J]. 商业会计，2020(03)：104-106.